ホーム・ビジティングの挑戦

(Home Visiting)

イギリス・家庭滞在型の
新しい子ども家庭福祉サービスの展開

西郷　泰之

八千代出版

目 次

　　新しいイギリスのトレンド …………………………………………… vii

Ⅰ　子ども家庭支援のためのイギリスの新たな挑戦 …………… 1
　（1）シュア・スタート（Sure Start）：未来への投資
　（2）シュア・スタートの目的・目標・達成目標
　　ⅰ）シュア・スタートの目的
　　ⅱ）コアとなるサービスと基本原則
　　ⅲ）パートナーシップ事業
　　ⅳ）シュア・スタートによる学習や授業の普及

Ⅱ　シュア・スタートの実際 ……………………………………… 9
　（1）地域の概況
　（2）シュア・スタート・ソープ・ハムレットの組織
　（3）シュア・スタート・ソープ・ハムレットの活動

Ⅲ　多様な民間活動の活用 ………………………………………… 23
　（1）家族と親の支援
　　ⅰ）友人としての支援と社会的支援
　　ⅱ）子育て情報と支援
　（2）ファミリー・センター等
　　ⅰ）コーラム地域学園（Coram Community Campus）
　　ⅱ）ニュー・フルフォード・ファミリー・センター（New Fulford Family Centre）
　　ⅲ）ペン・グリーン・センター（Pen Green Centre）

iv）農村生活支援機構（The Rural Needs Initiative）

Ⅳ　ホーム・ビジティングの実際 ………………………………… 41
　（1）ホーム・スタートの取り組み——イギリスの代表的団体の紹介——
　　 i）ホーム・スタートの歴史・組織概要・目的
　　ii）ホーム・スタートのアセスメント
　（2）ホーム・スタート・インターナショナルの活動
　　 i）ホーム・スタート・インターナショナルの概要
　　ii）普及活動の要点——「原理と実践に関する声明」より——
　　iii）設立のための具体的な支援
　（3）ホーム・スタート・グレートヤーマス（Great Yarmouth）の実践活動
　　 i）ホーム・スタート・グレートヤーマスの概要
　　ii）家庭滞在型サービス（Home Visiting）
　　iii）ホーム・ビジティングの利用家庭訪問記——ニッキーさん宅訪問——
　　iv）ファミリー・グループ（family group）の活動
　（4）ホーム・ビジティングの新たな展開——家族の家（Families' House）の実践——
　　 i）「家族の家」の組織
　　ii）活動資金
　　iii）ノーリッジ・ファミリー・フレンズの活動
　　iv）ボランティア・トレーニング

Ⅴ　日本の家庭滞在型サービス（Home Visiting） ………… 85
　（1）3つの家庭滞在型サービス
　　 i）母子家庭、寡婦及び父子家庭介護人派遣事業
　　ii）育児支援家庭訪問事業
　　iii）児童訪問援助事業（ホームフレンド）
　（2）わが国の家庭滞在型サービスの実際
　　 i）ひとり親家庭等ホームヘルパー派遣事業——東京都世田谷区での家庭滞在

型サービス——
　ⅱ）子ども家庭支援員による援助——子どもの虐待防止ネットワーク・あいち（CAPNA）の活動から——
　ⅲ）養育困難家庭への保育者の派遣——NPO法人子育てネットワーク・ピッコロの活動から——
（3）わが国における家庭滞在型サービスの今後の展開
　ⅰ）サービス形態の多様化・重層化
　ⅱ）家庭に滞在するサービスの5つの機能
　ⅲ）活動推進上の5つの条件
　ⅳ）今後のホーム・ビジティングの発展方向

新しいイギリスのトレンド

　社会福祉領域の国際的なトレンドのキーワードは「予防」であり、「ホーム・ビジティング」である。わが国でも高齢分野のサービスや、障害分野のサービスでは、介護予防等がキーワードになり、居宅生活を安定化させるホームヘルパーなど家庭に入り支援する予防的なサービスが一般的になってきている。しかし、子ども家庭福祉分野では、障害児関係を除いてほとんどこうした「予防」や「ホーム・ビジティング」などのサービスは取り組まれていないのが実情である。

　欧米の子ども家庭福祉分野で近年活発化してきているのが予防的なサービスやホーム・ビジティングである。これまでは児童虐待の際の危機介入に力を注いできたが、現在では問題の発生の予防や、早期介入・深刻化防止の方法に児童施策の重点が移動してきている。その具体的な例としては、米国では専門家が虐待家庭に集中的に入り家庭の維持のための支援などを行うホーム・ビルダース・プログラム等の家族保全プログラム（Family preservation program）や、地域での家庭生活の維持・安定化を目的としたインタクト・サービス（Intact Service）などが挙げられる。

　イギリスでは、ソーシャルワーカーや医師、心理職、保育士、保健師、教師、ボランティアなどが家庭に定期的に入り遊びや子どもとのコミュニケーションの取り方、しつけの仕方などを指導・支援するなどのプログラム（＝ホーム・ビジティング）が取り組まれ始めている。イギリスでのホーム・ビジティングの広がりを象徴するものとして、2004年の春にイギリスのテレビ局・チャンネル4で放映され高視聴率をあげた「スーパー・ナニー（Super Nanny）」が挙げられる。子育ての専門家が家庭に滞在して、「手がつけられない子ども」に対する子育てスキルを親に指導する模様を取材して作られたものである。1週間目の前半は観察と処遇方法の決定、後半はそれを指導者がやって見せる、2週

間目は保護者がやってみて、3週間目に保護者が指導者からコーチングを受ける。

　本書は、こうしたイギリスのホーム・ビジティングのなかでも準専門家であるボランティアによる支援活動を中心に全体状況についても紹介する。加えて日本の同様の準専門家による制度、育児支援家庭訪問事業や母子家庭等日常生活支援事業のなかのボランティアやホームヘルパーの派遣などの実情にも触れながら、わが国での準専門家によるホーム・ビジティング・サービスの効果や限界などについて整理するとともに今後のあり方についても言及する。

　なお、イギリスのホームヘルパーは家事等の補完を専門に担当しているが、わが国のホームヘルパーは単に家事等のサービスを担当するだけでなく子育て相談や子どもの育成等保護者や子どもへの福祉的な援助も期待されている。こうしたことからイギリスの子育て家庭への派遣事業のうち、保護者や子どもへの福祉的な援助を担うホーム・スタート (Home-Start) などボランティアによる活動を中心に紹介することが、ボランティアだけでなくホームヘルパーも含めたわが国の準専門家のホーム・ビジティングの参考となると考えた。

　今回のイギリスでの半年間の取材では、ホーム・スタート・インターナショナルのブライアン・ワラー (Brian Waller) 氏や、ホーム・スタート・グレートヤーマスのジェニー・スプロール (Jenny Sproule) 氏、ファミリーズ・ハウスのローラ・キャリー (Laura Cary) 氏、子ども家庭研究センターのスー・ベイリー (Sue Bailey) 氏、そして調査のための情報提供やスーパービジョンをしてくださったイースト・アングリア大学 (University of East Anglia) の名誉教授ジュン・ソバーン (June Thoburn) 氏から多くの援助をいただいた。また八千代出版の大野俊郎社長には本書の企画段階からご支援いただきこうした成果をまとめる機会を与えて下さった。これらの方々とわが妻に対し深く感謝申し上げたい。

2005年夏　逗子にて

西郷　泰之

I
子ども家庭支援のためのイギリスの新たな挑戦

　児童虐待を防止し子どもと家庭の生活の安定を目標にしたイギリスの新しい福祉サービスのキーワードはアウトリーチ (Out Reach) とホーム・ビジティング (Home Visiting) である。これまでイギリスは、児童虐待など子どもの生命や成長の危機に対する介入が子ども家庭福祉政策の主要課題であった。しかし、現在のイギリスのトレンドはこうした危機介入から予防にその戦略的焦点が移ってきているといえる。そして予防戦略の具体的戦術がアウトリーチとホーム・ビジティングなのである。

　国家プロジェクトともいえるシュア・スタート (Sure Start) は子どもの貧困をなくすためのブレア政権の新しい国家戦略である。2000年に始まり2004年までに500ヶ所が設置され、40万人を越える4歳未満の子どもたち（貧困層の子どもたちのうちの1/3）が対象となり現在も継続している政策である。2000年が第1次指定の年度で、2004年には第5次の指定がされている。親、ボランティア、法定機関、地方サービス担当者、そして中央政府のパートナーシップにより取り組まれている。このプロジェクトの詳細は『プログラムの計画と実施ガイド』(A guide to planning and running your programme) に紹介されている。なお、シュア・スタートについてはインターネットでも検索ダウンロードできる。

　ここでは本ガイドを中心にイギリスでの取材結果を織り交ぜながら、イギリスの新しい子ども家庭支援のための国家戦略の「要」ともいえるシュア・スタートの紹介をすることで、本書で中心的に取り上げる家庭滞在型サービス (Home Visiting) が展開されるイギリスの政策的、システム的、活動的、財政的基盤、すなわち社会的・制度的背景を説明する。

（1）シュア・スタート（Sure Start）：未来への投資

　このプロジェクトは産前から出産後の家庭や子どもたちの健康とウェルビーイングの状態を改善すること、すなわち子どもが家庭や学校で元気に育つようにすることが目的である。そのために乳幼児期に支援を集中する政策を採っている。以下の2つを柱に展開・実施している。第1はシュア・スタート・プログラムの実施である。そして第2が「良質な実践の普及」である。科学的に検証・評価された多様な民間サービスを政府が様々な方法で普及周知し、地域のシュア・スタート・プログラムがこうした民間のサービスを積極的に利用するように促している。既存の行政によるサービスとこうした民間のサービスとを競わせているともいえる。これら科学的にも有効だと認められた新たなサービスの主要な柱の1つが家庭滞在型サービス（Home Visiting）であり、そのなかでも現在イギリス全土で最も急速に普及を始めているものがホーム・スタート(Home-Start)である。

- 　4歳未満の子どもを持つ家庭へのサービスを改善する地域シュア・スタート（Sure Start）プログラムの立ち上げ。
- 　地域で実践される年少児童へのプログラムを踏まえた良質な実践の普及。

　シュア・スタート（Sure Start）は子どもの貧困や社会による排除という問題に対する政府の基本的な政策である。そしてどんなサービスの提供が効果的であるのか明確な科学的証拠に基づいた活動であるという特徴を持っている。2004年までに少なくとも500ヶ所でシュア・スタート・プログラムが立ち上がっている。多くの子どもたちが貧困な地域で、先進的な新しい方法によってサービスを改善することで有効に子どもたちの問題解決を支援する効果が期待できる小地域単位でこのプログラムは展開される。2004年の第4次の新規プログラムとして66のプログラムが実施のための準備と計画策定を終えて現在実施段階に入っている。地域プログラムは親たちとともに下記の4つの方法を通し

て、焦点を子どもの生活改善に置き、取り組むことになっている。
- 家庭支援。
- 子どもの発達への助言。
- 保健サービス。
- 早い時期からの適切な教育。

（2）シュア・スタートの目的・目標・達成目標

政府はシュア・スタート・プログラムにより実現するべき目的や長期目標を明確にしている。政府の公的サービス協約（Public Service Agreement＝PSA）は、2001-2004年の間のシュア・スタートで使われる子どものウェルビーイングや発達の改善を目的とした予算の編成段階でより詳細な目標設定をしている。また、政府のサービス供給協約（Service Delivery Agreement＝SDA）では、シュア・スタート・プログラムそのものを実行するための目標設定がなされている。

ⅰ）シュア・スタートの目的

乳幼児の、とりわけ不適切な状態の乳幼児の肉体的、知的、社会的な発達の促進を、保護者や親とともに行うことで、子どもたちが家や学校で成長することができるようにすることが第1の目標で、また不適切な状態の連鎖を断ち切ることが第2の目標である。具体的な目標と達成目標は下記のように設定されている。

<u>目標1：社会的、情緒的発達を改善する</u>
親とその子どもの早い時期の絆＝愛着づくりや機能する家族づくり、早い時期のアイデンティティの確立、そして情緒的・行動上の問題を持った子どもの支援をすること。

　PSAの達成目標
500のシュア・スタート地区で、0-3歳の子どもの1年間の児童虐待の

保護登録率を2004年までに20％にまで引き下げる。

　SDAの達成目標

- すべてのシュア・スタート・プログラムは、産後うつの母親にケアや支援を実施する。
- 乳幼児を持つすべての家庭に、生後2ヶ月以内に地域のシュア・スタート・プログラムからの訪問などによる接触が実施される。

目標2：健康の改善

産前・産後に子どもが健康的に発達できるよう親に対し支援をする。

　PSAの達成目標

2004年までに500のシュア・スタート地区で妊娠中の喫煙率を10％引き下げる。

　SDAの達成目標

- すべてのシュア・スタート地区で、すべての親が利用可能な子育てスキル取得のための支援を行うとともに、子育てスキルに関する情報の提供を行う。
- すべてのシュア・スタート・プログラムは、母乳育児や、子どもの保健、安全面についての指導を行う。
- シュア・スタート地区では、消化器系の疾患、呼吸器系の感染症や重篤な怪我で入院する0-3歳の子どもの数を10％引き下げる。

目標3：子どもの学習する力を改善する

早い時期からの適切な学習の促進や、刺激的で楽しい遊びの提供、言語運用力の改善、早い時期の適切なアイデンティティの確立、特別に配慮が必要な子どもへの配慮がなされるよい環境とケアが促進されること。

　PSAの達成目標

2004年までに500のシュア・スタート地区で0-3歳児のためにこれらの改善を行うことで、4歳までに専門家の指導が必要な会話や語学上の問題を持つ子どもの数を5％引き下げる。

　SDAの達成目標

- シュア・スタート地区のすべての子どもたちは良質の遊びや、学ぶ機会、小学校入学時の学習課題の達成に向けた発達支援を受ける。
- 2001年春までに、シュア・スタート地区内の乳幼児のいる親すべてが、地域の図書館の利用をしているという目標を達成すること。

目標4：家族や地域を強化する

　シュア・スタート・プログラムを地域全体で支えるとともに、こうした活動によって子どもや家庭を貧困から脱出させる力を持った地域社会を作り上げる。そして、そのなかに家族を位置づける。

　PSAの達成目標

　シュア・スタート地区の0－3歳の子どものいる世帯のうち、家族員の誰も働いていず、収入がない世帯数を引き下げる。

　SDAの達成目標

- 供給されている家族支援サービスの質の改善についての75％の個別の証拠が明らかにされていること。
- すべてのシュア・スタート・プログラムの地域プログラムの実施団体には、親の代表者の参加があること。
- すべてのシュア・スタート・プログラムは地域のシュア・スタートや雇用サービス職業センターとのつながりをより確固としたものにするため地域ごとに目標を明確に策定する。
- シュア・スタート推進のための地方組織はシュア・スタート地区とそうでない地区の子どものケアの格差を埋めるための方法を考えなくてはならない。

　このようにシュア・スタートは国家戦略で、すべての地域プログラムは目標やねらいに向かって機能させなければならないことになっている。目的志向の高い国家プロジェクトである。しかし、それぞれの地区では乳幼児や家族のニーズの状況は違い、必要とされることも同じではない。地区の実情に見合ったサービスの提供を図るためにはサービスの種類や方法について考慮されなく

てはならないことは自明であろう。そこで、後に一部を紹介するがイギリス政府は「(科学的) 証拠に基づいた実践のためのガイド」(A guide to evidence-based practice) を作成配布している。イギリス国内で提供されているサービスのカタログのようなもので、地区のシュア・スタート・プログラムが目標に合った効果的なサービスをデザインする際の道具としてはとても有用性が高いものである。

ⅱ) コアとなるサービスと基本原則

地域シュア・スタート・プログラムの構築や内容は地域のニーズによって異なる。しかし、すべてのシュア・スタート・プログラム地区で実施することが期待される、コアとなる5つのサービスが明確にされている。
- アウト・リーチ (Out Reach) とホーム・ビジティング (Home Visiting)。
- 家族や親の支援。
- 良質の遊びや、学習、ケアの経験などのサポート。
- 家族の健康や子どもの健康・発達に関する指導・援助を含む、初期の、地域での健康のためのケア。
- 専門的なサービスを利用しやすくすることも含む、特別な配慮が必要な子どもや家庭への支援。

そして一貫性のあるアプローチを確保するために、すべてのプログラムは基本原則に基づくことが期待される。シュア・スタート・サービスは以下の5つの基本原則に基づいていなければならない。
- シュア・スタート地域で、すでにあるサービスとの調和や合理化をし、付加価値を与えなければならない。
- 親や祖父母、そしてほかの養育者の「強み」(strength) を生かした方法を活用しなければならない。
- すべての地域の家族がシュア・スタート・サービスを利用できるようにすることでスティグマを避けなければならない。

- ニーズに対応する際、文化的な面で適切で敏感でなければならない。
- プログラムのデザインや実施にすべての地域の家族が参加することを促進するようにしなければならない。

以上のような5つのコアとなるサービスと、5つの基本原則によってサービスの計画と供給がなされるが、その実施場面ですべてのシュア・スタートが共有するべき6つの実践上の原則が用意されている。これらの原則は地域プログラムが下記のことをできるようにすることを目指している。

- 地域ですでに利用可能なサービス以外にサービスを受けることができる。
- 既存のサービスに付加価値をつけられる。
- 利用可能なサービスについて明確な情報が親に提供される。
- サービス供給のための新たな施設を提供する。
- 地域ニーズに敏感になるよう、既存の専門家や、新たなワーカーやボランティアを訓練し、シュア・スタートに配置する。
- 既存のサービス供給者との協働や調整が図られる。

シュア・スタートの地域プログラムの1つの挑戦は、子どもや家庭へ既存のサービスを結び付けることで、それらをより効果的で使いやすくすることである。またもう1つの挑戦は、新たなサービスや専門的・科学的根拠に基づいた実践、資金助成など新しいサービス手法で効果的に対応することのできる問題を明らかにすることである。

ⅲ) パートナーシップ事業

シュア・スタートは7つの政府部門の大臣を含む運営組織により管理・監督されている。このシュア・スタート・プログラムの運営組織は議会の公衆衛生の次官が議長をつとめ、内閣の教育・労働省大臣が代表となっている。地方では、シュア・スタートはボランタリーな地域組織（日本のNPOに類似した組織）、

健康・ソーシャルサービス・教育・適切な地方自治体の部門、そしてとりわけ地域の親たちが組織している事業者により運営されている。多様な組織との横断的協働は乳幼児やその家族のための地域サービスの改善に大きな効果が期待できる。

iv）シュア・スタートによる学習や授業の普及

シュア・スタートは、子どものための早い時期の包括的で継続的な支援が学業を続けさせ、非行を抑止するという学問的証拠に基づいているものである。シュア・スタートの全国的評価のために長期的成果を達成するため進捗状況についてもモニターしている。地域プログラムもまたその過程や結果をモニターすることになっている。またモニターや評価のために政府の設置した評価チームからの支援が受けられるようになっている。そして「なにが効くか」の知恵を普及させるよう、政府のシュア・スタート・ユニットは情報提供などにより支援している。

II

シュア・スタートの実際

――シュア・スタート・ソープ・ハムレット(Sure Start Thorpe Hamlet)について――

(1) 地域の概況

　シュア・スタート・ソープ・ハムレットはノーフォーク州ノーリッジ市にある。ロンドンから北東に行ったところにある町で、ケンブリッジ州の隣のノーフォーク州の州都である。現在では中堅都市といったところだが、かつてはローマ帝国のイギリス支配の拠点としてロンドンと肩を並べるほど栄えた歴史のある街だ。人口は2003年現在123,500人で、面積は40km²で一般的なイギリスの地方都市である。このノーリッジ市の中心部の北東部分がシュア・スタート・ソープ・ハムレットの地域である。

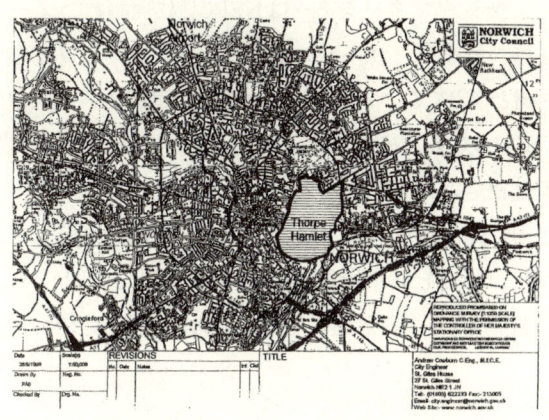

ソープ・ハムレット地区の地図
＊太線で囲まれた網かけされた地域がソープ・ハムレット地区
＊おおむね2km四方の広さ

シュア・スタートのエリアとしてこの地域が指定された理由は、移民も含めて所得階層が低い住民が多く住む地域であるからだ。国鉄のノーリッジ駅とエール川を南に見てその北の傾斜地がこのエリアである。エリアの広さは約2.4km^{2}でイギリスとしては小ぶりな前庭のない家が多く立ち並ぶ地域で、北側の丘の上には19世紀に建設された旧監獄が聳え立っている。

（2）シュア・スタート・ソープ・ハムレットの組織

　シュア・スタート・ソープ・ハムレットは、ブレア政権が最初にシュア・スタート・プログラムを開始した年に第1次指定を受けた地域プログラムである。1999年の9月に活動計画が策定され、2000年から実施に移された。基盤となる運営組織体は、NSPCC（全英児童虐待防止協会：National Society for the Prevention of Cruelty to Children）で、地域子どもサービス・マネージャー（東部NSPCCのマルコム・マスケット〔Malcolm Muskett氏〕）の支援を受けている。プロジェクト・マネージャーが現場でプロジェクトの運営やサービス提供の管理、財政の管理をしている。運営管理に関わる行政の中心責任機関は、ノーフォーク州である。プロジェクト・マネージャーはNSPCCに雇われ、ノーフォーク州は財政面で責任を持つ形態だ。サービス水準について契約責任を負っているのはノーフォーク州とNSPCC、ノーフォーク地域保健組合、運営組織、ノーリッジ市、ノーリッジ家族の友、NNVS、ノーフォーク州資産サービスである。ノーフォーク地域保健組合は、専門的なスーパービジョンをシュア・スタートの保健師に行うとともに、会話や語学プロジェクトとの協働を行っている。こうした運営グループは、サービス供給の責任をすべて担う。

　スタッフ数は常勤20名、非常勤6名で、その組織形態は次のとおりである。

```
┌─────────────────────────────┐
│  ソープ・ハムレット運営グループ  │
└─────────────────────────────┘
┌─────────────────────────────┐
│     プログラム・マネージャー      │
└─────────────────────────────┘
┌─────────────────────────────┐     ┌──────────────────┐
│ 保育ママネットワーク・コーディネーター │     │ 次長              │
│ デイケア・マネージャー ───────────┼─────│ 0－2歳児リーダー    │
│     教育開発ワーカー              │     │ (＋保育士1名)      │
│     父親開発ワーカー              │     │ 2－5歳児リーダー    │
│     上席プロジェクト・ワーカー      │     │ (＋保育士1名)      │
│     プレイス・プロジェクト・ワーカー  │     │ デイケアリーダー    │
│         保健師                  │     │ (＋常勤ワーカー1名  │
│         助産師                  │     │ ＋非常勤ワーカー6名) │
│   ボランティア・コーディネーター     │     └──────────────────┘
│     経理・事務マネージャー         │
│         言語療法士               │
│         臨床心理士               │
└─────────────────────────────┘
```

ソープ・ハムレット運営組織図

ソープ・ハムレットのシュア・スタート・センター全景

（3）シュア・スタート・ソープ・ハムレットの活動

a）所在地
63 Wolfe Road, Norwich Norffolk, NR1 4HT
Tel：01603-307680

b）これまでの経過

　シュア・スタートのこれまでの活動経過は下記のとおりである。1999年にサービスの配送（delivery）計画を策定し、スタッフを雇い、2000年にはスタッフの地域活動のための拠点としての事務所を開設している。開設2年目の2002年に第1期の親の職業教育等自立のための教育特別プログラムを開始し、2004年には第2期のプログラムを始めている。このプログラムは親たちが経済的・社会的に自立・適応できるよう、パソコンや、生活に必要な基礎的な学習（いわゆる読み・書き・そろばん＝算数）、母乳育児講座、子育て講座、講座「タバコをやめよう」などを行うもので、職業技術の獲得など生活自立のための講座受講の時間はシュア・スタート・センターの保育所で子どもを預かっている。こうした活動の拠点となるシュア・スタート・センターは公立のソープ・ハムレット中学の校地内に建設されている。

　前述したシュア・スタートの5つの国家目標、それを実現するための地域目標、それを具体化するために必要な12の達成目標、そして地域固有の達成目標、これらを実現するための毎年の地域での達成課題と具体的な活動、活動を直接担当する機関、必要な経費などの項目からサービス配送計画が構成されている。

　このシュア・スタートには日々の運営に責任を持つ運営委員会がある。運営委員会はプログラム・マネージャーが司会をして、NSPCCのスタッフ、利用者としての母親、職業安定所職員、牧師、学校教師、シュア・スタート活動評価機関研究員、シュア・スタート職員が出席してほぼ2ヶ月に1回開催される。現状の把握と、問題の共有と解決のための機関間の連携を目的に開催されている。

シュア・スタート・ソープ・ハムレットのこれまでの主な出来事

	主な出来事
1999年9月	サービス配送計画策定完了
2000年8月	地域イベント＝シュア・スタート・ファン・デイ（Sure Start Fun Day）開催
2000年 夏	中心となるスタッフ着任（マネージャーやプロジェクト・ワーカー、保健師、ボランティア・コーディネーターなど）
2000年10月	シュア・スタート・センターの開館（場所：聖レオナルドロード）
2000年12月	関係者を招いての公式ランチの開催
2002年1月	教育プログラム＝シュア・スタート・エキストラの開始
2002年4月	ソープ・ハムレット中学校のグランドに新しいセンター建設開始
2003年5月	新しいシュア・スタート・センターの開館 保育所オープン
2003年7月	子どもセンターの認可
2004年1月	教育プログラム＝シュア・スタート・エキストラⅡの開始

c）デイケア・プログラム

シュア・スタート・センター入口

　シュア・スタート・センターに事務所を置くスタッフたちは日常的に地域で家庭訪問活動を基本に取り組んでいる。経理・事務マネージャー以外の多くのスタッフの活動の場はセンターではなく地域である。臨床心理士も言語療法士

も地域に出向いている。

　こうしたアウトリーチの活動のほか、シュア・スタート・センターや隣接しているシュア・スタート・プロジェクトの学習センター等でも様々な活動が展開されている。わが国と似ているのは子育て広場（Play Session）である。親子で自由に遊ぶドロップインセンター（たまり場）で、遊具が出され水で遊ぶコーナー、絵を描いて遊ぶコーナー、ブロックで遊ぶコーナー、屋外で遊ぶスペースなどイギリスらしく機能分化させて遊具が配置されている。子育て広場にはセンター主催のものと親たちが自主的に運営するものとがある。基本は親たちが自主運営し、1回1ポンド程度の参加費で親と子どもの飲み物や子どもの間食を用意している。こうした親たちが運営するセンターにもシュア・スタート・センターの保健師や言語療法士、臨床心理士などが巡回し、随時相談にものっている。

　センター主催のものは親の飲み物や子どもたちのおやつは無料で、スタッフが遊びの準備や遊びの促進に関与するもので、日本の児童館等で行われているものに近い。自主運営のグループで一定の役割を担うことが困難だったり、毎回の出費が参加の障害になるような家庭は自ずとセンター主催の方に参加する。しかし、日本の児童館のように体操や工作などの指導はしない。子どもたちが安全に楽しく遊び、親たちがゆったりした雰囲気の中で友達関係を作ることに徹している。指導的なことは一切しない。まったく環境設定するだけで、活動の選択は子どもや親に任せている。中心になっているスタッフは3人の保育士で利用者は毎回10数組（30人）程度である。

子育て広場（Play Session）で使うプレイルーム

　親が運営する子育て広場は地域の住民集会施設を毎週借りて運営している。運営の中心となる親のグループがあり、施設の借り上げやシュア・スタート・センターとの連絡、飲み物や食べ物の購入などをしている。こうした親が運営する活動への協力や、子育て上の問題を持った家庭の発見、支援している家庭のモニタリングなども兼ねてセンターの保健師1名やデイケア・センターの非常勤ワーカー1名が遊具を持ち込み毎回参加している。

子育て広場で使うプレイルームの外の庭

　もう1つのデイケア・サービスとしてデイ・ナーサリーがある。次ページ下の図で保育所と記された部分で実施されている。親たちが職業教育等を受けている間や、勤め出したばかりの親たちのためにシュア・スタート・センターの保育士により保育が実施されている。定員は15人と少ないが、この地域で初め

て設置された保育所であり、親たちの経済的自立のために欠かせないものになっている。なお、これ以外にチャイルドマインダー(保育ママ)等が地域の保育サービスを担っている。2004年現在ではこの地区には48人のチャイルドマインダーがいる。

シュア・スタート・センター保育所入口

事務室	ウッドデッキ	芝生の庭		芝生の園庭		保育所入口
		ウッドデッキ		ウッドデッキ		
親用カフェ	受付	デイ・センター(プレイルーム)	造形室	保育所(乳児室)	保育所	
入口			通路			
親子カフェ	倉庫等	トイレ	倉庫	調乳室・調理室		

シュア・スタート・センターの見取り図

デイ・センターでは助産師による相談から、妊婦が集まる昼食会、産婦のグループ、赤ちゃん健診、母乳育児の講座やグループ活動、音楽やマッサージのグループ活動まで幅広く活動している。

　とりわけ注目されるのは父親開発ワーカー（Father's Worker）である。臨床心理学を学んだワーカーで男性である。男性であるがゆえの支援を主に担当している。父親が子育てに参加することを促進するために父親が参加しやすい土

シュア・スタート・ソープ・ハムレットでの活動（2004.1〜）

	午前		午後	
月曜日	9.30-11.30 10.00-11.30	子育て広場（マンデー・モンキー、1ポンド） 赤ちゃん健診（ピリング公園）	1.30-3.30 3.00-4.30 3.00-3.45 7.00-9.00	自由遊びの会 産婦グループ（学習センター） 母乳育児グループ（学習センター） お父さんのためのオープンハウス（学習センター）
火曜日	9.30-11.30	子育て広場	12.00-1.30 1.45-3.00 2.00-3.30	妊婦のランチ（親用カフェ） 助産婦予約相談 赤ちゃんクラブ（0-18ヶ月まで）
水曜日	10.30-11.00	赤ちゃんクラブ	1.30-3.00 3.15-4.30 4.30-6.00 1.45-3.45	親達の会（隔週） 問題行動の相談（学習センター） 赤ちゃん健診（第1水曜） 子育て広場（ハムレット・センター、1ポンド）
木曜日	10.00-10.45 11.30-12.30	音楽グループ 赤ちゃん健診	2.00-3.30	幼児マッサージ
金曜日	10.30-11.30 11.00-12.00	助産婦予約相談 母乳育児クラブ	1.30-3.30	子育て広場
土曜日	10.00-12.00	体験！土曜日 ちょっと違った子育て広場 （父親ワーカーもいます）		

（注1）場所の記載がないものはすべてシュア・スタート・センターで開催
（注2）月曜日と水曜日の子育て広場は、親が中心で実施しているもので毎回支払われる1ポンドで親たちの飲み物代と子どもたちのおやつ代に充てられる

曜日に子育て広場を開設し、いつもは女性の保育士しかいないのだが父親開発ワーカーが入り父親の参加を促すようにしている。また、DV（配偶者による暴力）の加害者としての父親に対して、加害者としてではなく暴力を振るわざるをえなかった父親の立場、つまり被害者としての父親の立場に立って仕事や家庭関係の調整を行っている。換言すると、フェミニズムの立場の相談ではなく、家族療法的な相談支援を行っているといえよう。加えて、子どものいる家庭の安定のためには安定した収入の確保も重要である。父親の就職情報の提供なども積極的に行っている。家庭訪問や地域拠点（学習センター）での「お父さんのオープンハウス」などの活動が基本的な活動スタイルである。

d）プログラムの評価

イギリスでは第三者による評価、とりわけ科学的評価が重視され、そのための予算の手当てもしている。ここシュア・スタート・ソープ・ハムレットでは、地域の国立大学であるUEA（イースト・アングリア大学;University of East Anglia）の子ども家庭研究センターに継続的な評価を有料で依頼している。担当の研究員がついて、センターの運営委員会や重要な会議にはすべて参加し、その他のデータとともに丁寧な評価を加えている。毎年評価がまとめられるが、2004年はシュア・スタートが開始されて5年を経ることもあり過去5年間の評価リポートがまとめられている。2001-2004年評価概要（Sure Start Thorpe Hamlet Norwich Summary Evaluation Report 2000-2004）の主な内容は下記のとおりになっている。喫煙の減少など一部の項目では明確な効果は見られないが、12ヶ月間産後障害を発生した率や生まれたときの母乳育児率、誰も働き手がいない家の子どもを減らすこと、チャイルドケアの利用のしやすさなどが前進していることなどを見ると、おおむね目標に近づいていることがわかる。

目標の達成状況

	2000-2001	2001-2002	2002-2003	2003-2004
児童虐待の再保護登録をなくす	0	0	0	0
12ヶ月間産後障害を発生した率	21.3%	10%	10%	9%

項目				
適切な産後ケアを受けられた率	96%	91%	100%	91%
生後2ヶ月以内にシュア・スタート職員に接触された子どもの率	100%	99%	100%	100%
妊娠中の喫煙率	20%	20.7%	15.7%	21.9%
0-3歳児の親の子育て支援と情報提供	100%	100%	100%	100%
生まれたときの母乳育児率	60%	72%	61%	77%
母乳育児の期間	18% (3ヶ月間)	73% (3ヶ月間)	28% (6ヶ月間)	42% (6ヶ月間)
特別な状態で病院に認定された子どもの数		17	8	13
言語が遅れている子どもの率	8.4%	7.9%	5.4%	2.2%
よい遊びと学習の機会	プレイワーカーの任命、子育て広場の開設、おもちゃ図書館、屋内外の遊び場の建設、土曜日の遊びの会、音楽や体を動かす会などの設定			
図書館の会員になった子どもの率	39%		27.15%	
保護者が就労していない家庭を減らす	47%		33%	
チャイルドケアの利用しやすさ	なし	15人が保育ママ（注）を利用	29人が保育所、36人が保育ママを利用	29人が保育所、48人の保育ママを利用
親業満足度		多様な調査と23のインタビュー	受講教育プログラムに関する意見聴取	赤ちゃんクラブ、休日の旅行、子育て広場に関する調査
「親の主張」に出席する親の数	5	6	10	12
職業センターにつなげる		リンクの方法の開発	様々なリンク；温かい電話、インターネット＝孤独な親のアドバイザー	前年と同様なリンク方法

(注) 保育ママと記載されているものは正確にはチャイルド・マインダー（Child mainder）を指す　わが国の保育ママと類似の制度であることからここでは保育ママと表記した

e）残された問題

 明らかになった新たな問題は大きく5点に整理されている。まず第1の問題は、すべてのシュア・スタート・プログラムが接触困難な家庭があることだ。ソープ・ハムレットでも英語が母国語ではない人や新たな転居者、シュア・スタート・センターから最も遠い地域に住んでいる人、理由はどうであれプログラムに参加しない人などがこうしたグループに該当する。

 出前を基本にした家族に対する活動は展開を続け、社会資源間の連携関係を保っている。しかし、相当の数の父親との関係作りが進んでいないことが第2の問題だ。

 第3は、スペースが窮屈になっていて、プログラム活動が建物の容量を超え増加し同じ時間で並行して開催することが困難になっていることである。一時預かり保育の数が足りなくなっていて、親が様々な活動に参加しにくくなっている。

 第4に、年長の子どもがいる家族が活動に参加することが困難なことである。学校が休みの間幼児のための活動はあるものの年上のきょうだいのための活動用意ができていない。

 機関連携がプログラムの1つの強みであるから、いくつもの異なる専門家が同じ家庭を対象に活動することを推進してきたし、機関間のコミュニケーションは良く維持されてきたし、そして責任を明確にすることもしてきた。しかし、どんな家庭に対しどんなメンバーの組み合わせが最も適切か、どんな状況の場合ボランティアを活用することが適切かというサービスコーディネート上の新たな問題が第5の問題として見え隠れしてきている。

 f）今後の課題

 シュア・スタート・センターは、社会的に要請されるサービスについて多くの挑戦をするため新しいプログラムを開発する必要がある。中央政府のコントロールというより地方自治体との関係で、将来の資金計画が不明確であり見通しが立たないことも困難な課題の1つである。そして、住民の意識と日々のプログラムの運営との関係上で、最も大切なことは親の参加意欲と所属意識をど

う守り育てるのかということである。地域の境界の拡大の継続が自分たちのセンターであるという所属意識の喪失感を引き起こさないよう注意することである。

III

多様な民間活動の活用

　シュア・スタート・センターにより子どものいる家庭の貧困問題や、養育上の問題の解決・緩和を目指すブレア政権の教育雇用省のもう１つのシュア・スタートの戦略は、民間の力の活用である。シュア・スタート・センターとそのスタッフによる出前型のサービス以外でも、政府が掲げた達成目標に有効なサービスは資金を投下し積極的に購入・活用してゆく考え方である。教育雇用省は「(科学的)証拠に基づいた実践ガイド」(A guide to evidence-based practice)を発行し、調査などで科学的証拠が明らかな民間活動を紹介している。このガイドに掲載された民間の諸団体は地域のシュア・スタートからの資金を得て活動が急速に活発化しており、その数も増えている。こうしたことから、このガイドをもとに最近イギリスで社会的信頼を得、その活動が活発化している団体の紹介を行うこととした。ここでは、団体の活動面やその特徴について紹介する。それぞれの活動の科学的な有効性の検証結果についてもガイドには記載されているがここでは省略した。

　なお、後ほど紹介するホーム・スタートはその地域組織の数を急速に伸ばし５年間でほぼ倍増（2004年現在330組織）している団体で、このガイドの最初に掲載されている。イギリス政府の「危機介入」ではなく「予防」を基本としたシュア・スタート戦略のキーワードである、「アウトリーチ（Out Reach）と家庭訪問・滞在（Home Visiting）」を実現する有効な活動として紹介されている。

　「(科学的)証拠に基づいた実践ガイド」の全体の構成は下記のとおりである。

> **アウトリーチと家庭滞在**
> 〇家族と親の支援
> ・　友人としての支援と社会的支援
> ・　子育て情報と支援
> 〇良質な遊びや学習、子育てのための支援サービス
> ・　遊びと幼少期の学習
> ・　チャイルドケア
> 〇基盤的、地域的な子どもの健康とケア
> ・　子どもの健康と発達のための援助と助言の利用促進
> ・　家族の健康のための助言の利用促進

　ここでは、「家族と親の支援」部分について、その概要を以下に紹介することとしたい。ボランティアが「友人」として家庭に入り福祉的支援をするものや、適切な子育てのための親教育を目的とするもの、問題行動のある子どもと親への専門的支援、親子関係に深刻な問題をかかえた親を支援するもの、ファミリーセンターでの様々な援助活動など、その対象もアプローチのし方も、派遣される人の専門性も多様である。

（1）家族と親の支援

ⅰ）友人としての支援と社会的支援

　a）ホーム・スタート (Home-Start)
　〔目的〕　ホーム・スタートの訪問滞在型の支援をする者 (以下ホーム・ビジターという) は、制度的な健康や社会的サービスではなく、民間活動としてその周辺領域で活動している。小さな子どもがいるストレスのある家族に対し、「友人」関係を利用した支援や実践的な子育てや家事に関する助言や支援をボランティア（ホーム・ビジター）の派遣を通して提供することを目的としている。
　〔利用対象〕　5歳以下の子どもがいる家庭が対象となっている。保健師や医者、ソーシャル・ワーカー、教師、当該家族支援に関っている人の紹介か、親自身からの申込みで利用が可能である。

家庭に入り活動するホーム・ビジター

〔サービス内容〕 ホーム・ビジター派遣の回数や期間の制限はなく、当該家族のニーズに従っているのでサービスの提供方法も多様になる。週1-2回の訪問が一般的だが、危機状態のときはもっと頻繁に訪問する。ホーム・ビジターは利用者との相互信頼関係を作ることを基本に、元気づけ、親としての実践的スキルを学ぶ機会を提供する。一般的なニーズとしては、家事・育児を休みたいという親のニーズや、特別な子どもにより多くの時間を割きたいというニーズに対応することである。その他の代表的な活動は外出の付き添いなどである。年配のホーム・ビジターは家族の支援を受けられない若い親、または1人親のための親代わりのような形での活動をする場合もある。

〔出前の方法〕 ホーム・ビジターは、問題がすでに発生している家庭に入り、その家庭の地域の友人関係のネットワークが広がるように援助したり、利用可能なサービスを効果的に使うことを援助するなどして家族を元気付けている。1人のホーム・ビジターは一般には同時に1-2家庭に派遣される。

〔サービス提供者〕 ホーム・スタートの地域組織は1人の有給オーガナイザーと、親としての経験のある30人程度のボランティアのホーム・ビジターにより構成されている。なんの資格も要求されないが、ホーム・ビジターは10回の訓練講座を受講している。1997年から98年には、イギリスには180の地域組織（2004年現在330ヶ所）があり、5,800人を越えるボランティアが14,000の家庭と34,500人の子どもたちを支援している。

〔有効である証拠となる研究〕　（省略）
〔連絡先〕
Brian Waller, Director,
Home-Start UK, 2 Salisbury Road, Leicester LE1 'QR

b）ニュウピン（NEWPIN）
　〔目的〕　破壊的な行為が世代間連鎖しないよう、ストレス下にある家族を長期間支援することが目的である。子どもと親の関係や情緒的虐待の予防に焦点を当てて、産後うつやその他の産後の困難を緩和する。
　〔対象〕　社会的に孤立をしていたり、幼少期のわが子との関係で困難を感じている養育者（ほとんどが女性）が、産前の診察をしている医師や精神科医、心理療法士、保健師などから紹介されてくる。自分から、またはこのプログラム参加者からの紹介もある。ニュウピンは母親へのサービスとして始まったが、現在では父親のためのサービスも始められている。
　〔サービス内容〕　地域コーディネーターが紹介された家庭を訪問し、このプロジェクトに参加するよう母親を勧誘する。参加者は、地域ニュウピン家庭センターのメンバーで「援助する友人（befriender）」と引き会わされる。母親がセンターに来て、子どもたちがプレイルームに親子分離で預かってもらう用意が1度できたら、1対1のカウンセリングが行われる。その上で将来の就職や進学とともに、親業の技能や家族で遊ぶこと、愛着形成、親しくなることなどのトピックスについて考える個人開発プログラムに参加することとなる。父親グループは男性としての同一感や自分の親との関係性、攻撃、コミュニケーション、親との問題の解決、子どもの身体的・心理的ニーズの認識に焦点を当てた活動をしている。
　〔出前の方法〕　少なくとも2週間に1回は子どもとともにニュウピン・センターに来るようにいわれる。事前に行われる6ヶ月間の強化プログラム期間を加えると、個人開発プログラムは1年間を越える。個人開発プログラムを修了した人々は一般的には「援助する友人」になる場合が多い。また、そのうち何

人かはコーディネーターになるトレーニングに進む。なお父親グループは12人までのグループで約8ヶ月間継続して実施される。

〔サービス提供者〕　イングランドと北アイルランドに16あるニュウピンのファミリー・センターは、一般的にはコーディネーター、遊びの促進者（play facilitator）と臨時職員のプレイワーカーが配置されている。南ロンドンのあるセンターは10代の母親を対象としたセンターとして特化され設置されている。東ロンドンのプログラムでは、少数民族の女性を対象としたセンターもある。こうした地域センターのスタッフの訓練や支援は全国組織により行われている。

〔有効である証拠となる研究〕　　（省略）

〔連絡先〕

Janet Kennedy, Development Director,
National NEWPIN, Sutherland House, 35 Sutherland Square, London SE17 3EE

ⅱ）子育て情報と支援

a）PIPPIN（Parents in Partnership-Parent Infant Network）

〔目的〕　PIPPINは父母が、赤ちゃんとの強い親子の絆＝養育関係を作り上げることを目的に援助する活動。主に女性に対して、妊娠、出産、その他実践的な幼児の養育の方法についての助言活動を中心に行うもので、伝統的な出産前学級を補完するものである。

〔対象〕　これから親になる人々が対象。妊娠初期4ヶ月、そして出産後4ヶ月間は自分の赤ちゃんと一緒に参加する形でプログラムは実施される。

〔サービス内容〕　小グループの中で、親たちは妊娠の情緒的側面や、出産、父母やきょうだいその他の家族にとって新しく誕生した赤ちゃんの影響を理解することを手伝ってもらえる。コミュニケーションや傾聴、問題解決技能も学べるし、赤ちゃんのニーズに感受性よく、確信を持って当たることのできる能力を身につけることを目的としたプログラムである。

〔出前の方法〕　次の2つの方法がある。

- 家族に対する教育や支援のための35時間のPIPPINプログラム。出産前の6回から8回のセッションが実施される。最初に出産後コースのファシリテイターの家庭訪問があり、その後父母と乳児3人での8回の出産後セッションが続く。
- 保健所の助産婦やPIPPINのファシリテイターによる、親になる際の医学的、社会・心理的な面等についての4回の出産前クラス等の実施。インフォームド出産と子育てのためのプログラム。出産後のファシリテイターの訪問と、出産後6回の保健所の助産婦とファシリテイターによるセッションが行われる。

なお、PIPPINは家族や、社会的に問題を持つ若い親たちと1対1で個別対応するワーカーの訓練もしている。

〔サービス提供者〕 保健所やソーシャル・サービスとの自由な契約を基本に運営されている。なお、これらのサービスは保護者には常に無料で提供される。

〔有効である証拠となる研究〕 （省略）

〔連絡先〕

Mel Parr

PIPPIN Director, Derwood,

Todds Green, Stevenage, Herts. SG1 2JE

b）親ネットワーク (Parent Network)

〔目的〕 親と子どもの関係を改善することで、家族の生活の改善を目指している。

〔対象〕 子育てしているすべての親にコースは開かれている。親は各自で申し込むことも可能であるし、保健師やソーシャル・ワーカー、その他の専門職により地域グループに紹介され申し込むこともある。

〔サービス内容〕 「子育て――心と頭を使った子育ての方法――」と呼ばれる30時間の本コースは12週間以上にわたって提供される。親が経験を交流し合い、子どもとはなにかを思い出し、子どもの話を聞く方法を練習し、子ども

に対してしつけをしたりすることを適切に行う方法を考え合ったりする。特別な問題、例えばきょうだい間の葛藤や家族内の怒りなどについての専門的な短期コースもある。これらのコースは全英オープンカレッジの科目としても認定を受けており、親のための継続学習のワークブックも作成されている。コースを終了すると、修了者による自主的グループをつくることを勧められる。

〔出前の方法〕　生涯教育や地域教育の場、ファミリーセンター、学校等で提供されている。

〔サービス提供者〕　イギリス全国の30のエリアに200人を超えるファシリテイターがいる。コースの内容やファシリテイションの技術を学んだ親たちがファシリテイターになる。料金はコースが開講される場所や方法によって異なる。継続教育や地方自治体が関与するコースの場合は安く提供されたり、無料になる場合もある。

〔有効である証拠となる研究〕　（省略）

〔連絡先〕

Parent Network, Parentline Plus

Third Floor, Chapel House, 18 Hatton Place, London EC1N 8RU

c）最初の先生としての親（Parent as First Teachers）

〔目的〕　最高の「最初の先生」として親を位置づけるプログラムである。子どもたちが可能性に満ちた人生のスタートを切れるように、親たちに情報提供や支援を行うもの。

〔対象〕　参加する意思のある3歳以下の子どもを持つ親。

〔サービス内容〕　基本的に重点を置いていることは子どもの言葉の発達や、知的成長、社会的発達を促進できるよう親を支援し、親子の絆を強くすることである。

〔出前の方法〕　プロジェクト・ワーカーは家庭に定期的に訪問・滞在し、1対1の支援や発達上適切な遊びの工夫や子どもの発達に関する諸活動や情報を教える。グループミーティングでは葛藤や行動、プレイグループの選択、トイ

レットトレーニング、子どもの健康や栄養など子育てに関する様々な話題について考える機会を与えられる。

〔サービス提供者〕　学校やファミリー・センター等で訓練を受けたプロジェクト・ワーカーによってプログラムは運営される。プロジェクト・ワーカーに渡されるマニュアルには、討議の刺激の仕方や適切な判断を促進できるような方法などについて書いてある。

〔有効である証拠となる研究〕　　（省略）

〔連絡先〕
Mike Confield, Director
Turners Court Youth Trust, 9 Red Cross Road, Goring-on-Thames, Oxfordshire RG8 9HG

d）親と子どものビデオシリーズ（Parents and Children Videotape Series）

〔目的〕　このプログラムは、親と子の相互作用の改善や、親の遊びのスキルアップや、家庭生活上の問題や反社会的行動などを減らすことで親の問題解決能力の向上を図ることによって親子関係を改善することを目的としている。

〔対象〕　プレスクール（小学校に上がる前の1年制の教育機関）と小学校の子どもの親が対象である。貧困地域の親たちの地域サービスとして、問題行動を持つ子どものための臨床的なプログラムとして提供されている。

〔サービス内容〕　親たちはグループワークをする。そして、そこでの議論は家族の様子を写したビデオを活用して行われる。「子どもとの遊び方」「子どもの学習指導」「効果的なほめ方・元気付け方」「効果的な制限の仕方や規則の守らせ方」「しかり方」などがビデオのトピックスである。

〔出前の方法〕　8-10人程度のグループが適当な人数である。基礎コースは近隣の地域で12週間実施され、振り返りのためのセッションが終了後3ヶ月から6ヶ月の間にわたって行われる。

〔サービス提供者〕　ファミリー・ワーカーによってサービスが提供される。保健の専門家やソーシャル・ワーカー、教育者、その他の専門家と同時に経験

豊かな親たちもワーカーとして活躍している。訓練の担当者は、専門家としてではなく意味のある友達として関わっている。

〔有効である証拠となる研究〕　（省略）

〔連絡先〕

Hermione Poff, University Child Mental Health

Mulberry House, RLCH Alder Hey Children's Hospital, Eaton Road, West Derby liverpool L12 2AP

e）肯定的な子育て（Parenting Positively）

〔目的〕　問題行動等を持つ子の親の支援と、訓練が目的である。

〔対象〕　プレスクールと小学校の子どもの親

〔サービス内容〕　「肯定的な子育て」は6日間の訓練コースである。デモントフォード大学（De Montford University）とイギリス看護・保健・助産師局がその有効性を証明しているプログラムである。参加者は、個人的にまたはグループの中で家族と協働する方法を学ぶ。例えばよい行動に焦点を当て、悪い行動を無視したり効果的に活用したり、暴力的ではない制裁を加えたりすることを学ぶ。参加者は子どもの困難のアセスメント、家族への介入計画の策定、実施、評価のための構造化された過程で学ぶ。

〔出前の方法〕　コースは一般的には6日間以上続くものが多い。また3日間のコースも考案されている。参加者は家族とともに協力することを学び、コースで学んだことを並行して実践することになる。

〔有効である証拠となる研究〕　（省略）

〔連絡先〕

Dr. Carole Sutton, Center for the Study of Parent of Education and Training, Department of Social and Community Studies

De Montford University, Scraptoft Campus, Leicester LE7 9SU

f）子どもの行動への対処（Handling Children's Behaviour）

〔目的〕　毎日の子どもの行動への対処を親とともに行い、支援するためのコース。

〔対象〕　8歳未満児で、問題行動のある子どもの親。

〔サービス内容〕　プレスクールの子どもやその親の気晴らしのための刺激的な遊びについて助言により、肯定的な行動を支援するための戦術を統合したものである。親の自信や自尊感情を確立し、子どもの行動に対応する方法についての理解を高めることに重点が置かれている。罰を与えるより悪い行動の結果について考えるようにしむけることや、親が首尾一貫した態度を取り続けることの重要性などが指導される。

〔出前の方法〕　ファミリー・センターや保育所などで行われることを想定して開発されたもので、週1-2時間のセッションを10週間続ける形態をとる。親たちにより構成される小集団で実施される。特別なニーズのある子どもに対して適応されるプログラムである。

〔サービス提供者〕　コースリーダーは2日間の研修、または10週間の通常のコースに参加する中で訓練・養成される。

〔有効である証拠となる研究〕　（省略）

〔連絡先〕

Sue Stead, Handling Children's Behaviour Project, NCH Action for children

38 Hill Street, Coventry CV1 4AN

g）豊かな子育て（Mellow Parenting）

〔目的〕　子どもとの関係が深刻なストレスになっている親を対象としたプログラム。相互支援と専門家からの最小限の専門的指導を通して、家庭生活上の問題の自分なりの解決方法を親たちが発見できるようにすることが目的である。

〔対象〕　下記の2つの基準にあう親たちが対象

〈下記のうち1つに該当する〉

・　子どもが虐待で保護登録されている。

- 大人間での継続的暴力がある。
- 主たる養育者が子どもとの関係を継続的に取れないなどの重大な懸念があること。

〔下記のうち2つに該当する〕
- 少なくとも3ヶ月間、行動上・情緒上の障害を表出させている子ども。
- 主たる養育者が精神障害である。
- 主たる養育者が配偶者または出生した家族と継続的に良い関係にない。
- 家族が社会的に孤立したり、暴力的な地域に住んでいたり、親子がストレスを感じる情緒的環境にある場合。

　　保健師やソーシャル・ワーカー、児童精神科医、教育心理職その他からの紹介で利用に至る。

〔サービス内容〕　プログラムは子育て支援も併用した、行動変容原理（behaviour modification principles）を使った個人療法と集団療法を結合させたものである。親の了解を得て、家庭での子どもとの相互作用を記録したビデオがグループ討議を進めるため使用される。昼食やいろいろな活動、例えば遊び、ゲーム、美術や工作、料理、買い物等がスタッフとともに親や子どもたちに提供される。こうしたセッションは後の討議のためにビデオで記録される。

〔出前の方法〕　プログラムは毎週1日単位で4ヶ月間継続される。ファミリー・センターや病院なども利用される。プログラムを終了した親たちは、毎年夏に行われる回復者コースに参加する。

〔サービス提供者〕　イングランドとスコットランドのファシリテイターは資格のある心理職や精神科医。

〔有効である証拠となる研究〕　（省略）

〔連絡先〕

Dr. Christine Puckering, Wester Craigend, Polmaise Road, Stirling FK7 9PX

(2) ファミリー・センター等

ⅰ) コーラム地域学園（Coram Community Campus）

　コーラム地域学園はトーマス・コーラムが設立した乳児院に併設されている。社会的に非常に困難な状態にある人、例えばホームレスや難民、寝起きができる保護施設を探している家庭などが多く住むカムデンのキングスクロス地域で活動している。1/3の住民は少数派民族に属し、5歳未満の子どもの半分以上は黒人やアジア人である。

　〔拠点〕　学園は乳幼児センターや、保護者の指導・支援を目的とした保育所、親センター、ホームレス・ファミリー・センターなどから構成されている。トーマス・コーラム財団は、ロンドン市カムデン区役所やカムデン・イスリングトン保健所、そして5つのボランティア組織と協働関係を持っている。

　〔活動〕　学園は総合的で柔軟性に富んだ、小地域の親や保護者や子どものための「気軽に立ち寄れるお店」になることを目的としている。将来の生活のためにケアや教育、必要な保健や社会的サービスを利用者が主体的に活用できるよう支援する方法をとっている。主な活動は下記のとおり。

- 乳幼児センターでの6ヶ月から5歳までの100人を越える子どもたちの教育やケア。
- 保護者の指導・支援を目的とした保育所による2歳から5歳までの20人の子どもたちのための低コストのケアと教育。
- 特別なニーズに対応する組織「KIDS」のロンドン支所としての活動。ポーテージ（Portage）の派遣、家族支援、レスパイトケア、子どもの治療的グループなどの実施。
- 子連れのドロップインセンター。親センターやホームレス・ファミリー・センターで毎日午前中に開催されるもの。
- 子育てに関する情報、教育の提供と支援グループの運営。
- お父さん学級。

- 少数民族の家庭への特別な支援。
- 人権擁護や家探し、入管のアドバイス。
- 家族リテラシーや基礎的計算力や技術に関するプロジェクト。
- 保健機関への紹介。ホームレス・ファミリー・センターでの保健師の活動も含む。
- ホームレス・ファミリー・プロジェクトや乳幼児とその家庭支援のためのサービスの一環として、地域で孤立化した社会的弱者へのアウトリーチ・サービス。
- NHS子ども開発チームや、保健師や治療的心理士などの保健ワーカーの配置。
- 自閉症の子どもの小さな小学校。

〔連絡先〕
Maggie Bishop, Community Services Manager
Coram Family
49 Mecklenburgh Square, London WC1N 2QA,
Tel：020-7520-0300

ⅱ）ニュー・フルフォード・ファミリー・センター（New Fulford Family Centre）

1984年から活動を始めている団体で、ブリストルのハートクリフ地域とウィジーウッド地域のプレスクールの子どもたちとその家族を支援してきた。

〔拠点〕 センターは1995年に設立され、ソーシャルサービスから紹介された家族のアセスメントを目的としている。しかし、担当地域内のすべての5歳未満の子どもの家族にも開かれている。

〔活動〕 センターはグループによる個々の家庭への支援と地域開発活動の統合をしている。毎週下記の活動を実施している。
- スタッフにより実施される子どもたちの遊びの広場活動。
- 訓練を受けた親たちによる遊びの広場活動。

- 親たちの自助グループ。
- 社会的スキルと言葉に焦点を当てた子どもの支援グループ。
- 黒人や多人種家族のための統合的な支援グループ。
- 特別なニーズを持つ子どもや親のためのレインボーグループ。

親や子ども個人に対するサービスは、
- ストレス下にある保護者へのカウンセリング。
- 特別な困難のある子どもの遊戯療法。
- 家族の遊びの会。

その他のセンターが提供しているサービスは、
- 福祉権についての助言。
- 住居についての相談。
- 洗濯施設。
- 遠足。
- 手軽な料金で行ける若い家族のためのトレーラーハウスの旅。

センターのすべての活動の参加者たちは毎月開催される親会議（スタッフも参加）に出席することになっている。地域開発機能の１つとして、センターはボランティアまたは子どものための有給スタッフとして活動することを希望する親たちのためにプレイケア講座を開催している。この講座はNVQ３レベルの資格を取得希望のチャイルドケアワーカーたちのための講座でもある。

〔スタッフ〕　14人の常勤と非常勤スタッフがいる
- プロジェクト・リーダー。
- 上席専門職（5名）。
- プロジェクト・ワーカー（2名）。
- 地域資源ワーカー。
- 開発担当ワーカー。
- プロジェクト事務スタッフ。

〔連絡先〕

Christine Stone, Project Leader,

New Fulford Family Centre,
237-239 Gatehouse Avenue, Withywood, Bistol BS13 9AQ
Tel：0117-978-2441

ⅲ）ペン・グリーン・センター（Pen Green Centre）

　ノーザンプトン州のコービーにあるペン・グリーン・センターは教育局とソーシャル・サービス局が共同設立した優良な実践のモデルとして1996年に設置された。

〔拠点〕　ノーザンプトンの最も社会的に恵まれない地域の中にセンターはある。体育館もある就学前の子どもたちのための施設である。このセンターを使う地域の家族にはホームレスの家族のための居住施設の親や子どもも含まれている。センターは、ソーシャル・ワーカーから紹介があった家族以外も含めてすべての家族に開かれている。

〔活動〕　センターが提供しているサービスや活動は下記のとおり。

- 　36人定員の保育所は、ニーズのある子どもたちのために半分、これから利用する子どもたちのためにも半分の定員を確保している。スタッフは子どもたちが利用を開始する前に、必ず家庭訪問を行う。
- 　第2番目の保育所は資格を持った親たちによって運営されている。44人定員で2歳から4歳までの子どもたちに等しく提供されている。
- 　子どもたちが遊んでいるあいだ親たちはおしゃべりすることができる常勤のワーカーがいる広場活動がある。中心の保育施設は週に一度の午前中、そして午後は母親と幼児グループで利用されている。
- 　保健師による赤ちゃんクリニック。
- 　専門家による、これから母親になる人や、孤立した親、障害やその他のニーズを持った子どもの親などのための支援グループ。
- 　子どもの学習とどう家庭の中で援助できるかの方法を学ぶ親支援グループ。
- 　6ヶ月以上働いていない人のために開かれる成人リテラシー・グループ

や訓練プログラム。
- 親のボランティアの募集や訓練・派遣などのホーム・スタート・プログラムの実施。

〔スタッフ〕
- センター長（ソーシャル・ワーカー）。
- 副センター長（教師）。
- 保育士（2名）。
- ファミリー・ワーカー（7名）。
- 家族教育ワーカー。
- グループワークの専門家。
- 就労支援や職業訓練のコーディネーター。
- ホーム・スタート・コーディネーター。
- 非常勤セッション・ワーカー（2名）。
- 保健師。
- 特別なニーズのある子どものためのコーディネーター。

〔連絡先〕
Margy Whalley
Pen Green Centre,
Pen Green Line, Corby, Northamptonshire NN17 1BJ
Tel：01536-443435

ⅳ）農村生活支援機構（The Rural Needs Initiative）

　この組織は孤立化した若い親たちに対応するために、ウィルト州ケネットの東部に設置されている。農村部の貧困地区を対象としている。この地域は、サービスの必要が高く、社会的・家族的ネットワークが欠け、多くの父親が長い期間責任を果たしていない家庭が多い。このプロジェクトはケネット地方役場やウィルト州社会サービス局、就学前教育連盟、保健師、市民相談室、図書館、地域子ども情報サービスなどの協力によって実施されている。

〔拠点〕　この組織の事務所はマルボローにある。アウトリーチやニーズ調査、地域での幼児と母親グループのネットワークを作りサービスを使い勝手のいいものに改善するなどを通して活動している。個別相談や産褥期支援グループ、そしてドロップイン・センターなども取り組んでいる。

〔活動〕　家族に対する活動の主なものは下記のとおり。

- 友人活動。
- 子育てに関する助言・支援・実践的な情報提供。
- 職業訓練の説明や就職斡旋。
- 借金と収益などに関する相談。
- おもちゃ図書館と豊かに遊ぶ知恵の提供。
- 健康教育。

様々な教材も使われる。親のためのアイデアがまとめられた遊びのパックや、幼児グループのための考え方や活動について書かれた情報パックなどである。

〔スタッフ〕　フィールドワーカー兼コーディネーターとプレイワーカーによって運営されている。健康教育は保健師たちによって提供され、保育つき職業訓練・就職講座は労働者教育連盟によって運営されている。地域栄養士や就学前教育連盟のワーカー、子どもの情報サービスなどによる連携会議も開かれている。

〔連絡先〕

Betty Dobson, Co-ordinator,
The Rural Needs Initiative, Postern House
Cherry Orchard, Malborough, Wiltshire SN8 4AS
Tel：01672-513010

IV ホーム・ビジティングの実際

（1）ホーム・スタートの取り組み
──イギリスの代表的団体の紹介──

ⅰ）ホーム・スタートの歴史・組織概要・目的

歴　史

　ホーム・スタートの歴史は1973年にさかのぼる。ソーシャル・ワーカーをしていたマーガレット・ハリソン（Margaret Harrison）がレスター（Leicester）州で始めた。家庭生活の安定の確保はソーシャル・ワーカーだけの力では不十分であることを痛感したことがきっかけであった。ボランティアが家庭に入り友人として援助することの有効性を確信して、自らソーシャル・ワーカーを辞めて活動に身を投じた。活動を始めた当初は孤立した子育てを解消するための援助というより、子どものいる生活困難・多問題世帯への援助が中心であったようだ。その後、主にイギリスの中部でその活動は広がっていく。そして1981年には、イギリスにおける全国組織が結成された。

ホーム・スタートのマーク

組織概要

　総裁はアレクサンドラ王女殿下（HRH Princess Alexandra；エリザベス女王の娘）、生涯総裁はこの組織の創設者マーガレット・ハリソン（Margaret Harrison）、理事長はジェームス・セインズベリー（James Sainsbury）氏で貴族の出身で実業家でもある。2003年現在、イギリス全体で、337のスキーム（scheme）と称される地域組織を持ち、9,257人のボランティアが活動している。各地域組織はそれぞれの地域住民や行政機関により設立され、主にシュア・スタートからの補助により運営されている。約3万の家庭がこのサービスを利用し、約6,400人の子どもたちが対象となった。2004年には2,133の保護登録された子どもの家庭にボランティアが派遣され、737人の子どもがボランティアの派遣期間中に児童虐待のための保護登録が解除になっている。ホーム・スタートが運営するファミリーグループは196と2/3のホーム・スタートの地域組織で取り組まれている。2004年には11の新たな地域組織が開設される予定である。また56のおもちゃ図書館と70のペアレンツ・グループがある。

　1つの地域組織（scheme）で25-30人ぐらいのボランティアが所属し、1つの家庭当たり一般的には半年の支援をすることから、年間50-60家庭、120-150人の子どもたちがサービスを利用する計算になる。年間予算は1つの組織当たりおおむね1万7,000ポンド（350万円程度）である。これまで女性のボランティアたちの活動に依拠してきたが、近年は父親ボランティア（ボランティア自身父子家庭の父親の場合も多い）の育成に力を入れている。

活動の有効性

　ホーム・スタートは活動の有効性について各種の調査による科学的裏づけを明らかにしている。こうした調査結果は公表されているし、また政府の刊行物でも公にされるなど活動の有効性に関する情報提供にも力が入れられている。例えば1994年の本団体による調査では、ボランティア（ホーム・ビジター）が派遣された家庭の3/5の母親たちは活動にとても満足していることや、半数が生活の改善がされたと答えている。1996年の調査では、利用者の2/3の母親たちが情緒面で改善されたことが報告されている。子育てが困難な家庭の1/3が

積極的になり継続的な改善が見られている。少し古い調査であるが1982年の調査では、虐待の存在が確認され保護登録されている家庭で、ホームビジターが派遣されている家庭の86％で保護登録が解除されていることが明らかになっている。

父子家庭に対する父親ボランティアの派遣

活動拠点

イギリスのホーム・スタートの中央事務所はレスター州にあり、研修事務所はシェフィールド州（Sheffield）にある。また、国際的な普及組織としてホーム・スタート・インターナショナルが組織されており、事務所はロンドンである。

ホーム・スタート中央事務所（Home-Start Central Office）
　　2　Salisbury Road, Leicester, LE1 7QR
　　電話　0116-233-9955
ホーム・スタート研修事務所（Home-Start Training Office）
　　273 Glossop Road, Sheffield,　S10 2HB
　　電話　0114-278-8988

活動目標

ホーム・スタートの活動で対応できるニーズについての調査結果を2004年

にイギリスホーム・スタートがまとめた。それによると、2003年8月から2004年3月まで292ヶ所の国内のホーム・スタートの活動を利用した9,196の家庭に聞いた結果は下記のとおりとなっている。すなわち、孤立感をなくしたり軽減させたり、親が情緒的に安定したり、他のサービスを利用する際の補助として、親が自信をなくさないようにするためなどが利用目的の主な理由＝ニーズであることがわかる。その他では、家事の手伝いや子どものケアや遊び相手のほか、家計のやりくりの支援などでも活用されていることがわかる。

ホーム・スタート利用の目的

ホーム・スタート利用の目的	2003年4月調査（％）	2002年3月調査（％）
孤立感	60	67
親の情緒的な健康	55	64
地域の他のサービスや施設の利用	36	38
親の自尊感情	36	43
子どもの行動のコントロール	33	34
家族内のストレス	28	28
親の身体的健康	25	26
子どもの発達への支援	23	26
家の毎日のきりもり（家事）	21	25
子どもの情緒的な健康	20	24
子どもの身体的な健康	18	21
多胎児出産、5歳未満の多子	18	18
家計のやりくり	10	10

予　算

　2004年度のイギリスホーム・スタートの年間収入は約298万ポンド（約6億円）で、そのうちでも最も多いのが寄付や遺産などによる収入で約227万ポンド（約4億5,000万円）である。その他としては、活動のための助成活動により約68万ポンド（約1億4,000万円）や投資収入と利子収入が約3万4,000ポンド（約700万円）である。

　支出は、活動のための助成活動経費が約218万ポンド（約4億4,000万円）で、

支援経費が約20万ポンド（約4,000万円）、組織運営経費が約16万ポンド（約3,200万円）、ホーム・スタート地域組織への補助が約9万ポンド（約1,800万円）などである。

ⅱ）ホーム・スタートのアセスメント

ホーム・スタートは「ホーム・スタート――モニタリングと事後評価のための実践ガイド――」(Home-Start Best Practice Guide to Monitoring And Evaluation, 2003) をまとめている。この冊子によるとアセスメントから、エバリュエーションまでの段階を次の8つに整理している。期間を区切ってモニタリング等を定期的に行い終結の判断方法も明確に持っていることがわかる。

① 照会段階
　　自分で、または他の機関、例えば保健師などを通しての支援の要請の段階。
② 初回訪問
　　ホーム・スタートが照会を受け付けて初回訪問をする段階。
③ ボランティアと家族のマッチングと照会者への通知
　　ホーム・スタートがボランティアと家族とのマッチングをして、照会者に通知する段階。
④ 第6週目の訪問調査――家族とボランティアとともに――
　　ボランティアが家族とのマッチングをしてから6週間後にチェックのための訪問をする段階。
⑤ 3ヶ月と6ヶ月の再検討のための訪問とその繰り返し
　　3ヶ月と6ヶ月に1回ずつ、オーガナイザー／コーディネーター／組織のマネージャーが再検討のための訪問を行う段階。この3ヶ月と6ヶ月に1回の訪問は必要がある限り繰り返される。
⑥ 最終訪問―a）
　　家族とともに設定されるボランティアの訪問が終わる段階。
　　最終訪問―b）

ボランティアとともにこの時点での最終検討のための書類を作成する段階。
⑦　情報の整理
地域組織（scheme）がモニタリングや事後評価の情報を整理する段階。
⑧　情報の普及
地域組織はその情報を周知・広報する。

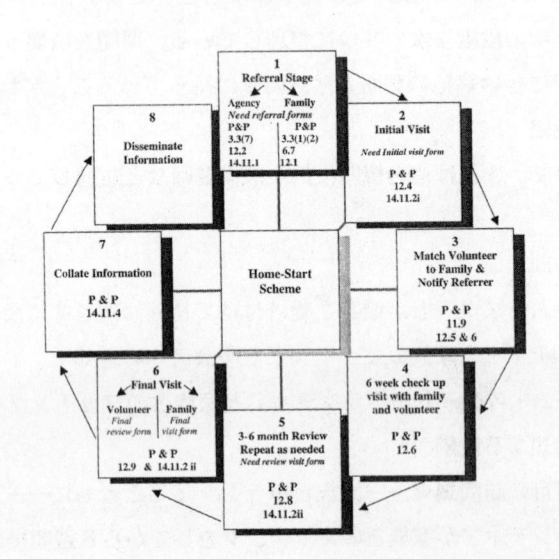

Key Stages in the use of Monitoring and Evaluation Tools

```
                    1
              Referral Stage
           Agency     Family
          Need referral forms
8          P&P        P&P          2
Disseminate 3.3(7)   3.3(1)(2)  Initial Visit
Information 12.2      6.7      Need Initial visit form
14.11.1    12.1            P & P
                              12.4
                              14.11.2i

    7                              3
Collate Information  Home-Start  Match Volunteer
   P & P              Scheme     to Family &
   14.11.4                       Notify Referrer
                                    P & P
                                    11.9
                                    12.5 & 6

         6                         4
      Final Visit              6 week check up
   Volunteer  Family           visit with family
   Final      Final            and volunteer
   review form visit form         P & P
     P & P      5                  12.6
     12.9 & 14.11.2 ii
              3-6 month Review
              Repeat as needed
              Need review visit form
                P & P
                12.8
                14.11.2ii
```

モニタリング（Monitoring）と事後評価（Evaluation）ツールの使用のキーステージ

この８つの段階のうち①紹介段階、②初回訪問段階、⑤再検討のための訪問、⑥最終訪問の各段階で下記の項目の調査票が使用される。ただこの４つの段階で使用される表側項目は同じだが、表頭項目は段階ごとに異なる。下記の表頭は①紹介段階のものである。すなわち、表側で示された項目はホーム・スタートが対応できるニーズであるということになる。このチェックの段階でホーム・スタートが対応できないニーズばかりとなれば、当然受け付けず他の

適切な機関等につなぐなどの対応を取ることとなる。

①紹介段階のチェックリスト

		レ	チェックをした項目について、どうしてこれがニーズなのか、そしてボランティアはどう援助できるかを記入してください
1	孤立感の解消ニーズ		
2	地域の他のサービスや施設の利用上のニーズ		
3	親の情緒的な健康を保つためのニーズ		
4	親の自尊感情を保つためのニーズ		
5	親の身体的健康を保つためのニーズ		
6	子どもの身体的健康を保ち・促進するためのニーズ		
7	子どもの情緒的健康を保ち・促進するためのニーズ		
8	子どもの行動のコントロールを目標にしたニーズ		
9	子どもの発達への支援ニーズ		
10	家庭内の葛藤に起因するニーズ		
11	家事のきりもり上のニーズ		
12	家計のやりくり上のニーズ		
13	5歳未満の多胎児や多子家庭であるがゆえのニーズ		

②初回訪問段階のチェックリストの表頭部分

	レ	なぜこれがニーズなのか。そして、親はどのようにボランティアに支援してもらいたいと思っているか。
(この部分は、前表の①紹介段階のチェックリストの項目と同一)		

③再検討のための訪問段階（3ヶ月目）のチェックリストの表頭部分

	前回訪問で明らかになったニーズ	ホーム・スタートの援助がどのぐらいニーズ充足したか			一部達成・完全達成の場合=どう援助したか？	一部達成・無達成の場合=何が障害か？	引き続きのニーズか？	新たなニーズか？
		無達成	一部達成	完全達成				
(この部分は、前表の①紹介段階のチェックリストの項目と同一)								

前回の訪問時に確認されたニーズのチェックの確認と、目標の達成状況と、目標達成上の障害の明確化と、今後の課題の明確化をこのシートで確認できるようになっている。3ヶ月と6ヶ月でモニタリングを行い、目標達成がされているといたずらに継続することはなく、ボランティアの派遣はあるが終結させる。派遣期間は一般的に長くて1年間である。

④最終の訪問面接段階（6ヶ月目）のチェックリストの表頭部分

	前回訪問で明らかにならなかったニーズ	ホーム・スタートの援助がどのぐらいニーズ充足したか			完全達成の場合＝どう援助したか？	一部達成・無達成の場合＝何が障害か？	引き続きのニーズか？	他に代わる支援がホーム・スタートにできるか？
		無達成	一部達成	完全達成				
（この部分は、前表の①紹介段階のチェックリストの項目と同一）								

（2）ホーム・スタート・インターナショナルの活動

ⅰ）ホーム・スタート・インターナショナルの概要

　現在、ホーム・スタートは国際的にもその有効性への認識が高まり、イギリスホーム・スタートとしては国際的に普及するための機関（ホーム・スタート・インターナショナル）を作っている。2004年現在加入している国は19ヵ国で、新たに2005年に数ヵ国が加入することになっている。事務局長はブライアン・ワーラー（Brian Waller）氏で4人の事務スタッフから事務局は構成されている。本国際組織に加入し、国内でホーム・スタートの活動を行っている19ヵ国とは、オーストリア、カナダ、ケニア、チェコ、ギリシャ、ハンガリー、イスラエル、オランダ、ノルウェイ、ロシア、EU、スリランカ、ラトビア、リトアニア、マルタ、USA、アイルランド、ウガンダ、南アフリカである。そして、日本でも開設準備が進められている。

　事務所は、ロンドンのオックスフォード・サーカスの近くにある。

ホーム・スタート・インターナショナルの事務局スタッフ
（中央後方男性が事務局長のブライアン・ワーラー氏）

ホーム・スタート・インターナショナルの事務所所在地と連絡先
2nd Floor, 6 Market Place, London W1W 8AF
Tel／Fax：+44 (0) 20 7631 4364
Tel：+44 (0) 20 7631 4358
email：brian@home-start-int. org
web：www. home-start-int. org

ⅱ）普及活動の要点──「原理と実践に関する声明」より──

　ホーム・スタート・インターナショナルはホーム・スタート活動の国際的普及のために、下記のような11項目からなる「原理と実践に関する声明」をまとめている。ホーム・スタートの活動内容や運営組織、守秘義務の扱いなどについて書かれている。この声明はホーム・スタートのアイデンティティの確立に重要な意味を持っている。ここに書かれている11項目に賛同することを条件に、世界中どこでもホーム・スタートの名称の使用や、各種の訓練機関の利用、マニュアルなどの提供等の支援が得られる。

ホーム・スタート・インターナショナル
原理と実践に関する声明

　ホーム・スタート・インターナショナルは、家族の危機や崩壊をふせぐため、年少の子どものいる家族に対し基本的にはその家庭の中で、定期的な支援や友情、実際的な援助を提供する組織である。

1　ホーム・スタートは様々な困難を経験している、そして小学校入学前の子どもが少なくても1人いる家庭と協働する。
2　ホーム・スタートは個人の権利と家族内における多様性の理解を重視する。ホーム・スタートは、それぞれの家庭ごとで違う独自の文化、人種、民族や地域の伝統を尊重するとともに、ジェンダーの問題や特別なニーズを持った人々に関して敏感である。
3　各ホーム・スタート組織は家族の自信と自立を高めるため以下の活動を行う。
・支援や友情、実践的な援助を、就学前の子どもが少なくても1人いる家庭に提供すること。
・基本的には困難が存在する家庭の中で出会い支援すること。そしてその家庭の尊厳や自己同一性が尊重されること。
・子育てがうまくいかない親を元気づけ、家庭生活の喜びを強化すること。
・時間と経験を共有することで家族との関係を発展させること。
・子どもたちの究極の利益のために親の強さや情緒的・身体的健康を強化すること。
4　各ホーム・スタート組織は、ホーム・スタートの精神を持ち、スタッフの雇用や実践について責任を負う特別な地域支援機構を持ち、地域にある若い家族に関係する他の組織と適切なつながりを開発してゆく。いくつかの国では、無給の運営委員会または理事会と呼ばれたりしている組織を作っているところもある。資金助成機関の代表はホーム・スタート組織を支える委員会の長を務めてはならない。
5　一般的に、少なくとも一人の有給のオーガナイザー（コーディネーター）を置く。この人は適切な訓練と経験をもち、下記の義務を遂行しなければならない。
・原理や実践に関する国際的声明を踏まえたホーム・スタートの運営管理。
・ボランティアの募集、活動のための準備、支援。
・年少児童のいる家族に関係する他の機関と連携する。
・最初に家庭に入るとき、ボランティアの技能や経験と家族のニーズのマッチングを注意深く行う。
・支援が終了し、フォローアップや評価をする際、家族とボランティアから気持ちを共有すること。
6　オーガナイザーとボランティアは彼等自身も親か、子育て経験のある人である。ボランティアはホーム・スタート・オーガナイザーや他のボランティア、そして当該家族に関係する専門ワーカーにより提供された機会などによって支援される。

7 すべてのボランティアは最初の準備講座を修了し、ニーズに出会うための講座で支援や付加的情報提供を受ける。
8 家族が経験している多様で複雑困難であることからホーム・スタートでは十分対応できない場合を除いて、紹介された人も自ら申し込んできた人も制限なく受け入れられる。
9 ボランティアを支援し家族を援助するため、オーガナイザーとの間で必要な協議がされる場合を除いて親や家族に関するすべての情報は秘密保持される。他の人への秘密の情報の提供は家族の援助のため親の許可を得て行われる。しかし、適切な公的機関に情報を提供するときで、子どもの保護に必要な場合は除く。
10 すべての国のホーム・スタート全国組織は友情のシンボルとホーム・スタートのロゴを使用する。しばしば国名を使用したりその国の言葉で他の適当な言葉を加える場合もある。

11 すべての国レベルのホーム・スタート組織はホーム・スタート・インターナショナルと連絡を取り合う。そして、家族の究極の利益のため、他の国のホーム・スタートと訓練のための資料や調査、そして情報を分かち合う。
・ホーム・スタート・インターナショナルは新たな国でのホーム・スタート発展のため、調整や促進を行う責任を持つ。そこで、ホーム・スタートへの質問をしたいと考えるすべての国がホーム・スタート・インターナショナルを利用できる。
・ホーム・スタート・インターナショナルは、ホーム・スタートのある国の経験を新しい国のニーズと適合させ、普及させる。

すべての、世界のホーム・スタート組織や地域の機関は、この原理と実践の声明＝ステイトメントを履行することを誓う。

ⅲ）設立のための具体的な支援

　各地域、各国でのホーム・スタートの立ち上げについては、実践的なマニュアルが作成されている。具体的には下記の手順書が作られている。最初にホーム・スタートの実際の活動の見学、講演等の活用、運営組織の立ち上げ、ホーム・スタートの原理と方法の理解と合意など時系列でまとめている。

1	来て見てください、イギリスに。いくつかのホーム・スタートを訪問し、地域組織を始めたかも含んで話し合ってください。私たちはホーム・スタートを知りたいと思う方の訪問は大歓迎です。
2	あなたの街に私たちを招いてください。そして、中心となる人たちがすべてを理解してもらえるように地域のほかの人々にも会いにいくこともできます。
3	最初の地域組織を作るための運営グループを作ることと、組織を起こすことです。この組織は公的な委員会(理事会として登録されたもの)でもいいですし、単なる準備を始めるための委員会でもかまいません。委員会は委員長、会計、秘書そしてその他それぞれの国で団体が一般的に持つその他の機能を持たなければいけません。
4	すべてのホーム・スタートのある国が合意している11項目から成る「原理と実践」について、運営を担当する理事会や委員会で議論してください。
5	あなたの国にホーム・スタートの組織を作るか最初の地域組織を作ってください。この組織は、原理と実践のための公文書に先の11項目の要点を反映させてください。もし、手伝いが必要なら草稿を送って相談してください。
6	法的位置づけのある団体として登録してください。ホーム・スタート・インターナショナルのメンバーになる組織は、「原理と実践」に合意し、各国の独立したホーム・スタート組織として登録してください。私たちは皆同じロゴと名前を使います。しかし、ほとんどの国は独自の絵やその国の言語による名前も使用しています。
7	あなたの組織が登録されたら、私たちに教えてください。そして、私たちのウェブサイトに乗せ、私たちはその後マニュアルや方針や実践のためのガイドを送ります。
8	地域住民に対して会合を開き、ホーム・スタートのことを議論してもらい、法的なサービスを補完するものですが、自主的で独立したものであることを説明します。広報に努め、少なくともソーシャル・ワーカーや小児科医、教師、地方自治体に何をしようとしているのかを正確に知らせます。
9	安いコストでアクセスが便利な事務所を見つけます。できれば寄付で。
10	オーガナイザーや事務スタッフに向けた業務説明書を作成します。
11	オーガナイザーへの支払い(一般的には上席教師やソーシャル・ワーク・マネージャーと同じ程度の給与)や、事務員、事務所経費、約15人のボランティアが週2回家庭訪問する交通費、そして可能なら事務所内でのコーヒーやビスケットなどにかかる経費、年1-2回の式典の経費など、初年度の経費を用意します。また、訓練のための講座や用紙、コピー機、講座のための交通費なども必要になるでしょう。ホーム・スタートの予算規模は小さくもなり大きくもなります。私たちのほとんどは、私たちが本当に必要なものだけから始めます。ホーム・スタート・インターナショナルは経費の創出のためのアイデア提供や、合同入札をいくつかの国のために行ったこともあります。ただ、ほとんどの国は自力で経費の捻出をしています。
12	あなたの組織のオーガナイザーを探し、オーガナイザーの訓練を行います。

（3）ホーム・スタート・グレートヤーマス（Great Yarmouth）の実践活動

i）ホーム・スタート・グレートヤーマスの概要

組織名：ホーム・スタート・グレートヤーマス
所在地：119／120 Gordon Rd Southtown Great Yarmouth Norfolk NR31 0EN UK
電話：01493-603221
FAX：01493-442714
上席コーディネーター：ジェニー・スプロール（Ms. Jenny Sproule）氏

地域の様子
　このホーム・スタートはグレートヤーマス市とグレートヤーマス地方を活動のエリアとしている。グレートヤーマス郡（Borough）はイギリスの東部、ノーフォーク州の海辺の地域である。広いビーチに囲まれ、漁港もあり漁業も盛んである。グレートヤーマス市の人口は59,000人、同市を含むグレートヤーマス地方の人口は92,100人で面積は170km^{2}ある。イギリスは避暑地も地域によって利用する階層が異なるが、ここは庶民のよく利用する避暑地で、夏になると観光客でごった返す。夏は観光客相手に様々な仕事があり収入が期待できるが、冬は仕事もない地域だ。海岸に近い地域は中流階級の住宅街となっており治安もいい。しかし、内陸部は貧困家庭も多く、治安も悪い。貧困家庭の集中している地域で実施されるシュア・スタート・プログラムもこの地域では行われている。グレートヤーマス市の周辺地域はグレートヤーマス地方で地図で見ると次のとおりである。

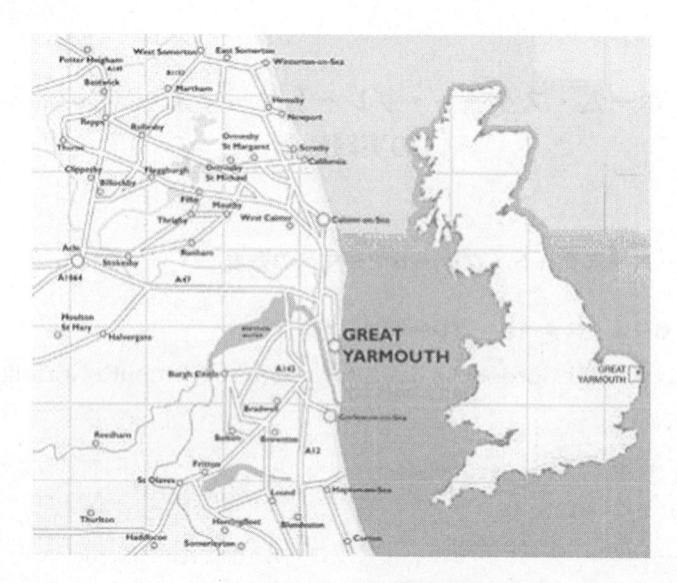

グレートヤーマス地方の位置

活動の概況

　この地域でホーム・スタートが組織され活動し出したのは1995年からで10周年を迎える。創設者は実質的には州の行政当局である。保健サービス当局（health service authority）と社会サービスチーム（social service team）が当面の立ち上げ資金約120万円を用意し、関係者や住民による運営組織を作った。具体的な設立準備は英国ホーム・スタートと契約し、運営やボランティアの研修等についての分厚いマニュアルに基づいて行われた。活動対象となる家庭は5歳未満の子どものいる家庭で、保健師（health visitor）から紹介を受けて利用するクライアントが多く、その年齢層は15歳の母親から73歳の夫婦までと幅広い。また、クライアントの約半数は心理的な問題を持っている。ローカル紙や人の集まるところにパンフレットを置いてPRに努めている。現在、常勤の上席コーディネーター1人、コーディネーター1人、非常勤の事務スタッフ2名、ファミリー・グループ（family group）の非常勤のワーカー（family group support worker）3人、そして31人のボランティアが在籍している。

上席コーディネーター：ジェニー・スプロール氏

HOME-START
Great Yarmouth & District

Helping families under stress

Home Start
supporting families

A Voluntary Home-visiting
&
Group Support Scheme

for families with at least
one child under
5 years of age.

If you would like more information about Home-Start or would be interested in becoming a Home-Start volunteer for a few hours each week, please contact:

Jenny Sproule
Senior Co-ordinator

Sue Humphrey
Co-ordinator

Home-Start Gt Yarmouth & District
119/120 Gordon Road
Great Yarmouth
Norfolk.   NR31 OEW
Tel: (01493) 603221 / 441744
Fax: (01493) 442714

E.Mail:
home-start.gtyarmouth@virgin.net

Patron: HRH Princess Alexandra, the Hon. Lady Ogilvy,
GCVO Registered Charity No: 1059825
Funders: Great Yarmouth Primary Care Trust,
Norfolk Social Services,
Sure Start Gt Yarmouth & Sure Start Magdalen & Claydon
SRB Cobholm & Lichfield.

* * *

ホーム・スタート・グレートヤーマスのパンフレット

主な活動は家庭にボランティアが滞在することによる生活改善活動（Home Visiting）である。2つ目の活動は日本の子育てサロンやつどいの広場的な場を提出する活動、つまり乳幼児の保護者たちのたまり場（Drop in center）の提供活動である。こうした活動をファミリー・グループ（family group）という。

ホーム・スタート・グレートヤーマス事務所

ⅱ）家庭滞在型サービス（Home Visiting）

活動の方法
　利用のきっかけは保健師からの紹介が最も多く、パンフレットを見て本人が申し込む場合や友人からの口コミによる利用も若干あるようだ。また、ソーシャル・ワーカーからの勧めで子どもが保護登録（児童虐待で成長発達上の危険がある子どもを登録し継続的な観察・援助を行うための制度）されている家庭でも利用する場合もある。クライアントのおよそ5割はメンタル面での問題を持っている。
　ボランティアの派遣を希望する意思表示があると、まずコーディネーターがクライアントの家庭へ出かける。そして、ホーム・スタートの提供するサービスの内容や目的を話し、当該家庭の状況を聞きサービスプランを保護者や子どもとともに作る。イギリスのソーシャルワークの新しい理念であり方法である家庭と子どもと「協働する」ソーシャルワーク（Social work with children and

families) の考え方に基づくものだ。またアセスメントや契約行為としての意味合いもこの家庭訪問は持つ。

こうしたアセスメントと契約を行ったのち、研修を受けたボランティアが派遣される。現在派遣されている家庭は50数家庭で1回の滞在時間は約2時間で、週1回の派遣が多いが、多い場合は週3回の場合もある。

活動の内容

ボランティアたちの中には、以前このサービスの利用者であった人も参加している。例えば低所得世帯や障害のある方、父子家庭、母子家庭の方や高齢者もいる。友達として、つまりピアカウンセラーとして活動している方たちである。ただ、友達といってもホーム・スタートの場合は公的な中立的な友達 (neutral friend)、すなわち専門的な友人としての活動として位置づけている。活動目的を表すキーワードの1つは「孤立化 (isolation) の解消」である。かたくなな心を溶かして社会資源につなげることも目的である。車のガソリン代の実費以外はまったく無償での活動である。活動上のキーワードの2つ目は「たくさん話を肯定的に聞くこと (Lots of positive listening)」であり、3つ目は「やって見せること (demonstrate)」である。指導したり助言したりすることより、まず信頼関係を作り気持ちを受容するため「話を聞くこと (Lot of listening)」、つまりひたすらクライアントの話を聞き感情を受け止めることを重視している。そして、クライアントの生活上の困難や課題、例えば子どもとの遊び方、しかり方、片付けや食事などの家事の仕方などを地域の友人として「やって見せること」で、一緒に解決してゆくわけである。ボランティアたちは熱心な方たちばかりで、2年間ここで活動するとソーシャル・ワーカーになったりカウンセラーになるなど専門職として転身してしまう方も多いようだ。

研修・スーパービジョン

ここで活動するボランティアは9週間の研修を受けるとともに、その研修期間が適性の評価や犯罪者でないかどうかの確認 (Police Check) 期間ともなっている。研修カリキュラムは次のとおりで、研修上のキーワードは「秘密保持がなされ、かつ信頼感のあるコミュニケーション (Confidentiality communication)」

である。研修修了時には、研修の成果を計る試験や観察記録、そして研修受講者のリアクションペーパーなどによりボランティアとして家庭へ派遣することの適否が判断される。不適当とされた人は、当面はファミリー・グループのサポーターとして活動する中でボランティアとしてのスキルや知識をつけることになる。ボランティアとして活動するようになってからもスーパービジョンが断続的に行われる。こうした研修を修了し実際の活動に入ったボランティアはその後も6週間に1回は個別面接により定期的なスーパービジョンが行われ、

研修カリキュラム

1　グレートヤーマス・ホーム・スタートで実際に実施されている内容
　　第1日目　午前　コースの目的（なぜホーム・スタートは必要とされるのか）
　　　　　　午後　子どもの発達
　　第2日目　午前　価値と態度
　　　　　　午後　産後うつ
　　第3日目　午前　平等な機会
　　　　　　午後　信頼と守秘義務
　　第4日目　午前　コミュニケーション1（聞く技能、非言語的コミュニケーション）
　　　　　　午後　保健師等関係機関について
　　第5日目　終日　障害の理解
　　第6日目　午前　コミュニケーション2（気持ちを聞く、反復）
　　　　　　午後　児童保護入門
　　第7日目　終日　児童保護に関する講座
　　第8日目　午前　ホーム・スタートの仕事（なにが起こり、なにをするのか）
　　　　　　午後　ファミリー・サポート・チームの活動
　　第9日目　午前　試験と質問
　　　　　　午後　修了式

2　ボランティアのための継続研修カリキュラム例
　　　1　ドメスティック・バイオレンス（6月）
　　　2　市民相談窓口（7月）
　　　3　非営利セクターのための訓練情報と個人の訓練（9月）
　　　4　死別のカウンセリング（10月）
　　　5　言語療法（11月）

その他必要に応じても実施される。なお、この研修にはホーム・スタートの活動を理解するため現役のソーシャル・ワーカーも受講することがある。

運営経費

収入は40％が地元のシュア・スタート・プログラムからの補助である。そして25％が県行政の福祉部門から、25％が県行政の保健部門から、そして残り10％は様々な寄付等からなっている。年間の総予算は約200万円から280万円（10,000～12,000ポンド）である。なお、一般的な週1回の訪問による家庭滞在型サービスの1家庭あたりの年間経費単価は2万円（100ポンド）である。

ⅲ）ホーム・ビジティングの利用家庭訪問記――ニッキーさん宅訪問――

ニッキーさん宅でのボランティア活動

ここでは実際の利用者の様子を紹介する。今回訪問したのはニッキーさん宅である。グレートヤーマス駅の近くにニッキーさんのお宅はあった。グレートヤーマス郡役所の住宅局の支援を受けて最近住居を替えたとのことである。これまでは、住宅環境の悪いところで、なおかつ前夫が近くに住んでいたので精神的にもストレスを抱えていたという。子どもは2歳から13歳まで4人、歩行障害があり、かなり太っている女性である。年齢は32歳でイギリス北部の貧困地域で生まれ、両親との折り合い悪くネグレクトの状態で育てられたため、掃除や洗濯、食事作り、家計のきりもりなどの生活技術も養われず子育ての仕方がわからないそうだ。15年前にグレートヤーマスに転居してきてその後結婚したが、2年前離婚、最近現在の住居に引越してきたこともあり近所に知り合いもなく、肥満が原因となっている歩行障害も手伝ってひきこもりがちになっていた。

ホーム・スタートのサービス利用のきっかけは新生児訪問をした保健師の勧めであった。当初は成育環境からか片付けの方法もわからず家の中の床が見えないぐらいの散らかし方で、子どもたちへの食事も満足に与えられず子どもとどう遊べばいいかわからない状態であったようである。担当の保健師はボランティアの派遣を本人に促し、同意を得てからホーム・スタート事務所に連絡

Ⅳ　ホーム・ビジティングの実際　59

した。ホーム・スタートの上席コーディネーターのジェニーさんが家庭訪問しサービスの利用と家庭の状況のアセスメントに入りボランティアの派遣を行うこととなった。

アセスメントによりニッキーさんのケアプランが策定された。ケアの目標は4つ。まず第1は孤立化した状態を改善すること、第2は家事の技術を習得すること、第3は子どもとの遊び方を習得すること、第4に健康状態の改善である。派遣されたボランティアは年齢的に近い有能で経験のある女性が選ばれている。第1の目標については、地域のファミリー・グループへボランティアと一緒に参加することで対応し、第2の家事技術の習得はボランティアが一緒に片付けや料理、買い物に行きやって見せた上で一緒に取り組むことで対応した。第3の子どもとの遊び方もまずはボランティアがやって見せ、一緒に遊ぶ方法で習得できるようにしたようだ。第4の健康状態の回復は間食や食事の改善や、近隣のスポーツクラブでの水中ウォークなどで少しずつ改善させていった。

ニッキーさんへのインタビュー

ニッキーさん宅は駅近くとはいっても繁華街ではなく、静かな住宅街にあった。車の通りが比較的多い広い道に面していた。前庭はなく屋根裏部屋も含むと3階建ての4棟続きの家で、1階が居間とキッチン、2階がニッキーさんと小さな子どもたちのベッドルーム、3階は大きな子どもたちのベッドルームである。日本人から見ると一般家庭より大きいぐらいの間取りだが、イギリスでは典型的な庶民の家で日本でいうと県営住宅レベルのようだ。内装は新たにやり直したばかりのようで明るくきれいになっていた。

玄関を入るとすぐ居間でニッキーさんが笑顔で出迎えてくれた。インタビューはその居間で受けてくれた。大きな体をよいしょとソファーに横たえながら、イギリスの北部なまりの英語で気さくに話してくれた。顔を見ると表情も明るく、生活にも目的を持っている感じが伝わってくる。

保健師からホーム・スタートのボランティア派遣の提案があったときは、実は少しいやだったという。どんなボランティアが来るか、どんなことをするのかわからない不安があったようだ。しかし同じグレートヤーマス郡内での転居

ではあったが、まったく環境が変わり友人もなく体も悪くて買い物や外出もままならない時期があったことからボランティア派遣を受け入れることにしたようだ。ボランティアには最初は出産直後であったこともあり週2回ずつ来てもらったが、今では週1回になっている。ボランティアの派遣は半年前ぐらいから始まったが、ボランティアはとてもいい人で、子育てや生活にはとても役立っているそうだ。また、とてもいい話し相手で信頼できる友人だともいっていた。あいかわらず片付けは不得意のようだが、ボランティアと一緒にやることで大きな苦労をすることもなく、家が一定程度きれいに維持できることがうれしいそうだ。やせるためのプールも今では生活の楽しみになっているようだし、ボランティアの勧めでファミリー・グループ（日本の子育てサロンに似たもの）に参加したことで仲間が多くできたようだ。毎月1回10家庭ぐらいとファミリーパブ（日本のファミリーレストランに近いイメージのパブで子どもの遊び場もついている）に飲みに行くそうだ。また、最近では、友人として他の生活や子育て困難の母親の支援も始めているとのことだった。

　ニッキーさんはこのインタビューの半年後、すなわち約1年でボランティアの派遣は終了している。完全に自立し、家事や育児がなんの問題もなくできるようになったわけではないが、様々な支え合いの仲間ができ日常生活や子育てをしてゆくには問題がないまでに改善されたと評価され派遣が終了したそうだ。

iv）ファミリー・グループ（family group）の活動

活動の方法

　この組織が運営に関わっているグレートヤーマス市やグレートヤーマス地方のファミリー・グループは約20箇所あるが、保護者たちが自主的に活動するのを経済的に技術的に支援するものを中心に、非常勤スタッフ（Family Group Support Worker）が運営しているものまである。保護者が自主的に運営しているものを基本に、一定の配慮が必要な保護者たちを対象としたファミリー・グループについては非常勤スタッフが運営している。わが国の同様の活動と異なる部分は、一般家庭のより豊かな子育てや問題の発生予防（＝1次予防）を目的

としたグループは自主運営、2次予防までを目的としたグループはスタッフが運営するという区別があることだ。わが国の子育てサロンは保護者による自主運営のものもボランティアによる運営のものも区別化することなく配置され、利用されている。ファミリー・グループ関係予算は20ヶ所で年間120万円で同様の活動を常勤職員が担って実施しているシュア・スタートの提供するサービスと比べると費用対効果は高いといえる。

　非常勤スタッフが運営する4つの活動拠点のうち1ヶ所（Alpha Center）は午後1時から3時まで活動しており、特定の参加者による子育てグループ活動とおもちゃ図書館の活動を実施している。他の3ヶ所（Gordon Road Family Room, The Buttery Priory Center, Theatre Room Shrublands Gorleston）は誰でも自由に利用できる活動拠点で、いずれも公的施設を借り、週1回ずつ午前中2時間（10時から12時）だけ開設している。非常勤のワーカーが3名配置され3ヶ所の活動を運営している。当然彼らもホーム・スタートのトレーニングを受けたスタッフである。また、中には家庭滞在型サービス（Home Visiting）のボランティアとして活動しているスタッフもいる。シュア・スタート・センターが近くにある活動拠点（Theatre Room Shrublands Gorleston）では、シュア・スタート・センターの専門職スタッフも参加して子どもや親たちと遊んだりおしゃべりしながら養育上の課題の発見や助言に努めている。

活動の一般的な内容

　誰でもが参加できる3つのファミリー・グループの活動はいずれも、日本でいうと公民館や地域集会施設のようなところのホールを週1回借りて実施している。ドロップインセンター（日本でいう子育てサロン）であることから、子どもの預かりはしない。利用者の費用負担は1回50ペンス（100円）。親子一緒の利用が原則である。保護者は開設時間内（午前10時から12時）であればいつでも利用でき、いつでも帰れる。

　3ヶ所ともいくつかの活動コーナーが設定されていて、子どもたちは行きたいところに行き自分の気に入った活動に自由に参加する形態をとっている。絵や工作、水遊びなど様々な活動が用意され子どもが選択して遊べるようになっ

ている。保護者は子どもが1人で活動に参加している間は周囲に置いてあるイスに腰掛け他の保護者とのおしゃべりをしていいようである。日本ではいつも子どもと一緒に遊ぶことが親に求められている場合が少なくないが、ここの場合、元気に子ども同士で遊んでいるなど、子どもが親を必要としていない場合、親は子どもの近くにいないことも多い。子どもの相手は主に非常勤スタッフがしているそうだ。親たちは飲み物をいつでも飲めるようになっており、子どもたちには簡単な軽食（ジュース、クッキーや果物）や保護者が作ってきたお菓子などが11時ぐらいに支給される。食べるか食べないかは自由であるが、食べるように促される。誕生会は月1回ずつあり、誕生日を迎えた子どもの親がケーキを持参する。

```
                     一日の流れ（スケジュール）

 9時30分   スタッフ（非常勤職員）集合
           会場設営（公民館的な施設で会場を借りて実施）
10時00分   利用開始
11時00分   こどものおやつタイム（ジュース、果物＝プラム・りんご・ブドウ・バナナ）
12時00分   終了・片付け（会場の倉庫に収納）開始
13時00分   簡単な反省会と打ち合わせをしてスタッフも解散
```

ファミリー・グループの様子
＊この写真は他地域のファミリー・グループのもの

イギリスでは、親や住民が運営しているサロンが多く、日本のように地域子育て支援センターや児童館・保育所などでの公的なサロンはほとんどない。まず住民や親たちの自主的な活動が基本でボランティアなどの支援があるサロンは多くない。しかし、低所得の方が多く住んでいる地域などでは、地域センターやシュア・スタート・センターなどで公的にサロン的活動が保障され、有給のスタッフも配置される場合が多い。

日本ではボランティアや職員など支援者付きのサロンが多く、一般的になりつつあるが、イギリスのように、まず親たちが運営するサロンやサークルがたくさんあり相互扶助による子育て支援の土台を作り、その上にニーズのレベルに対応した支援者付きのサロンなど公的な援助がある活動が位置づけられ、その上にもっと深刻または複雑な問題に対応する専門相談機関やサービスが位置づけられるような子育て支援のヒエラルキーが構築されないといけないのではないだろうか。すなわち「子育てサロンの構造化」が重要であることがイギリスの実践から気づかされる。

ファミリー・グループ（family group）訪問
——シアタールームでの活動（Theatre Room Shrublands Gorleston）——

訪問したのは3月下旬の雨模様で、とても暖かい日であった。日中気温18度、イギリスでは初夏の気温である。暖かさに誘われてか23組（65人）の参加があった。出入りがあるので常時15組ぐらいの利用者がいる感じである。子どもと母親の参加が多いが、若い父親や祖母の参加もあった。前回訪問した半年前は8月の夏休みシーズンであったがそれでも12組（33人）の参加である。平均すると20組ぐらいの参加者だそうだ。ほとんどの参加者は原則毎週参加しているようだ。

参加者たちは、ホールに入るとまず入口にある参加者名簿に名前を書く。名簿が置いてあるテーブルにはパネルが立てかけてあり、子育てに関する様々な講演や講座・グループなどのポスターやチラシが貼り付けてある。またテーブルの上には子育てに関する情報や社会資源の案内用パンフレットも置いてあった。

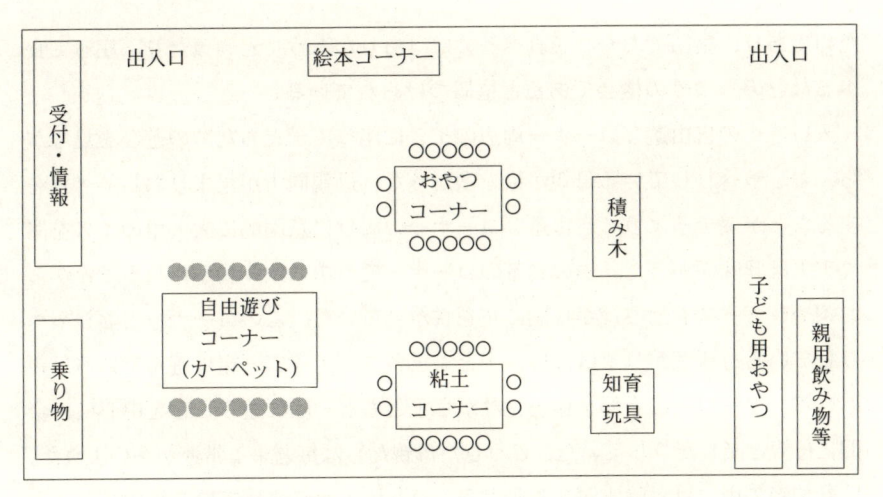

シアタールーム・ファミリー・グループ会場配置図

(注1) ●は親・保護者用のイス ○は子ども用イス
(注2) 子ども用おやつは11時に用意されおやつコーナーで食べる
(注3) 親用の飲み物コーナーには、コーヒー・紅茶・りんご・バナナ・ブドウ・プラムなどが自由に食べられるよう常時置いてあり、各自自由に取りに来る
(注4) このホールの大きさは縦10m横16m

　ホーム・スタートの女性非常勤スタッフ3名（うち1人は家庭滞在型のボランティア活動も行っている）と、女性のシュア・スタート・センターのスタッフが2名（ファミリーサポートワーカーと言語療法士）参加していた。この地域は低所得の家庭が多くシュア・スタート・センターが設置されているところである。シュア・スタート・センターのスタッフたちは、こうした子育てサロンのようなところに極力出向いて子どもたちと遊び、親とおしゃべりする中で問題家庭の発見や援助関係作り、そしてサービスのモニタリングに取り組んでいるようだ。ホーム・スタートのスタッフは子どもと遊び、親たちとおしゃべりすることで安心して利用できる親と子どもの居場所としての雰囲気作りをすることとともに、子どもとの遊び方やマナー、しつけ、おやつの与え方などのアドバイスを指示的になることがないように配慮しながら行っていた。甘いものやスナックではない果物などのおやつを食べるのは、いいおやつを与えることを親が学ぶ

Ⅳ　ホーム・ビジティングの実際　　65

ためであり、集団でおやつを食べるのは「ありがとう」といったり、座って食べるなどのしつけの機会であると位置づけられている。

　入口近くの自由遊びコーナー周辺のイスに座って子どもたちの遊びを見ながら、おしゃべりしている母親が最も多かった。母親同士が集まりおしゃべりをすることができるよう、自由遊びコーナーの周りに意図的に大人用のイスを置く工夫は興味深かった。奥のお茶のコーナーで自由に飲み物が作れることからお茶やジュースを飲みながら話に花を咲かせていた。このコーナーでおしゃべりしている母親ばかりではない、子どもと各コーナーで一緒に遊んでいる母親もいる。ワーカーは会場全体を見ながら子どもと一緒に遊ぶことを中心に、合間に母親と話したりしていた。こうした母親たちは毎週来る常連が多いようだ。

　参加者の中には、障害がある子ども、ＤＶで夫から逃げている母親や、子どもが虐待の保護登録を受けている母親もいる反面、一般の地域の母親も参加している。行動上の問題のある子どもや危機状態にある母親への配慮もしている。例えばいつも泣き叫んでいる男の子に対しては過敏に対応せず見守っていたり、ＤＶで夫から逃げている母親には話を聞いて様々な支援の要否のためのアセスメントも実施している。もし、子どもや親がなんらかの支援が必要になっている状態であればコーディネーターを通じて行政の社会サービス局へ通告されることになる。

　子どもたちは自由に遊び、ここで製作した紙粘土工作や絵などは自宅に持ち帰ってもいいことになっている。それにしても２時間の中で子どもが１人しか利用しなかったのが知育玩具である。アルファベットなどが学べるおもちゃであるが人気がない。しかし、こうしたものを配置しておくこと自体に意味があるようだ。この地域の親たちは子どもの教育へのインセンティブが弱いことから、知育玩具を意図的に配置しておくことで親たちへの関心を喚起することにつなげようとしている。

　なお、ここで使用しているおもちゃのほとんどはシュア・スタート・センターからの寄付で、収納はホールの中の用具倉庫を使わせてもらっている。

1人の母親にインタビュー

　ジャッキーさんは細身で身長は175センチぐらいの27歳の母親である。9年前グレートヤーマスに転入してきた。子どもは4歳を筆頭に2歳、1歳、そしておなかの中には新しい赤ちゃんがいる。ホーム・スタートの家庭滞在型サービスは利用していない。ファミリー・グループには毎週必ず来るそうである。なぜ来るのかを聞くと、近くのファミリー・グループや公園は所得の高い階層の人が利用していて自分は参加できないことをまず教えてくれた。こうした親たちが集まるサロン的なものにもイギリスの階級的社会が影を落としているようだ。なにより子どもが楽しいといっているし、子どもが楽しいと親も楽しいからともいう。また3番目の子がシュア・スタート・センターでの言語療法の指導を受けていることも説明してくれた。ファミリー・グループでできた母親同士の友人も多いそうである。やはり子育てを支え合う友人ができ、子どもたちが楽しく遊べるところだから利用しているということが理解できた。

（4）ホーム・ビジティングの新たな展開
——家族の家（Families' House）の実践——

所在地：125 Ber Street, Norwich, NR1 3EY UK
電話：01603-621702
FAX：01603-614049
コーディネーター：ローラ・キャリー（Laura Cary）氏

ⅰ)「家族の家」の組織

地域の概要

　「家族の家」は、ノーフォーク州ノーリッジ市の中心部にある。ノーリッジ市はロンドンから列車で約2時間北東に行ったところにある町で、ローマ時代にはローマ帝国のイギリス支配の拠点として栄えた歴史のある町である。同市の人口は2003年現在123,500人、面積は40km^{2}で典型的なイギリスの地方都

市といえる。なお、ノーフォーク州は2003年現在人口810,700人、面積は5,371km²である。

家族の家（3階建ての建物の一番左手）

「家族の家」の概要

「家族の家」は、2002年に設立された。活動エリアはノーリッジ市内と周辺のノーフォーク州である。ノーリッジ市長とノーフォーク州長官が活動を支援している団体で、政府登録の慈善団体（日本でいう福祉のNPO）である。組織のミッションは、①様々な理由で十分にまた適切に利用できないストレス下に置かれた子どもや家庭にサービスを提供すること、②ストレス下に置かれた子どもや家庭の支援と援助の中で新しい主導権を開発すること、の2つである。そしてこれらを実現するための方法は、ノーリッジ・ファミリー・フレンズや保護者へのスーパービジョン、アフターケア、代弁、子ども基金等の活動である。

- ノーリッジ・ファミリー・フレンズ

定期的な募集を行いトレーニングを受けた30人を越えるボランティアが、関連機関との協働関係を保ちながら親支援のためのネットワークを作り上げてゆく活動。0歳から13歳の子どもを持つ養育上の困難や問題を持った家庭への支援や「友人」としての活動を行っている。ボランティアたちは犯罪歴などのチェックを受けている。毎週家庭を訪れ、子育て上のアイデアを交換したり、話を聞いたり、各種申請書の記入を手伝ったり、家

族生活の浮き沈みを分かち合ったりしている。家族から直接申し込みがある場合や、保健師、学校、その他の専門家からの紹介がきっかけとなってボランティアが派遣される場合がある。ボランティア養成講座は年3回開催されている。

・保護者へのスーパービジョン

　子育てについての助言・指導するため施設やスタッフを提供する活動。すでに家族が崩壊し親子分離されているハイリスクの子どものための機関である。裁判所の命令で利用することとなるサービスである。16歳以下の子どもたちが分離されている親たちと安全で脅威のない環境の中で出会えるようにしている。キッチンやテレビ、ビデオ、おもちゃやゲームなどがそろっている3つのスーパービジョンのための部屋を用意している。

・アフターケアサービス

　養子などの措置解除後の助言や措置下にいる人たちへの相談支援活動。肉親や育ての親や養子縁組した大人もサービスの対象として含まれる。電話（01603-621702）やインターネット（www.familieshouse.org.uk）で利用できる。養子縁組関係の上級ソーシャル・ワーカーがこのサービスを運用している。様々なサービスや相談機関へつなぐことも重要な仕事である。

・代弁（アドボカシー）

　家族法に関わる事案で裁判中の親、特に子どもの保護のための調査中の親への支援活動。具体的には地方当局による調査やケースカンファレンス、裁判での尋問などの場面で親に支援や助言を提供する活動。

・子ども基金

　子どもや家庭を援助するため政府が進めている施策との協働事業の推進活動。

ⅱ）活動資金

　「家族の家」の年間予算は約3,400万円で、その内事業費（約2,400万円）が最大の支出となっている。ボランティア・コーディネーターやスーパーバイ

ザーなどのスタッフ人件費がその支出の多くを占める。収入は、地方自治体からの委託費や補助金がそのほとんどを占めている。この団体はノーフォーク州とノーリッジ市が実質設立しているので、シュア・スタートからの補助は少なく、2003年度は0円になっている。

収入の部	2002年		2003年	
	万円	£	万円	£
補助金	2,967	148,375	1,908	95,374
地方自治体委託費	414	20,678	1,170	58,471
シュア・スタートからの補助	242	12,074	0	0
寄付金収入	450	22,497	542	27,139
投資収入	50	2,495	32	1,614
その他の収入（部屋の賃料等）	118	5,944	83	4,163
収入の部合計	4,241	212,063	3,735	186,761
支出の部	2002年		2003年	
	万円	£	万円	£
事業費	1,587	79,347	2,404	120,224
資金調達・広報宣伝費	417	20,849	446	22,278
運営管理費	458	22,909	532	26,556
支出の部合計	2,462	123,105	3,382	169,058

ⅲ) ノーリッジ・ファミリー・フレンズの活動

活動の方法

　ノーリッジ・ファミリー・フレンズは、ボランティア・コーディネーターと、ポリスチェック（犯罪歴のチェック）とトレーニングを受けた30数名のボランティアにより、活動が行われている。活動地域はノーリッジ市全域と周辺地域にわたっている。ただ訪問家庭が集中している地域はシュア・スタートなどのプロジェクトが実施されているところで、低所得家庭が多い地域である。養育上の困難や問題を持った家庭への支援を友人として訪問し滞在する形で活動を行っている。対象となる家庭は0歳から13歳と思春期を迎えるころまでの子どものいる家庭である。毎週1回家庭を訪れ、話を聞いたり、家事や育児、子

どもとの遊び方、各種申請書の記入を一緒に行ったりしている。また、必要に応じて週2回以上訪問することもある。虐待等が疑われたりした場合などはボランティアが記録を取り、文書化してボランティア・コーディネーターへ報告することもある。

　ボランティア派遣の依頼は、家族から直接申し込みがあったり、保健師、学校の先生、その他の専門家からの紹介が契機となる。ボランティアが派遣される前には、ボランティア・コーディネーターがその家庭に行きボランティア受け入れの意思確認とその家庭や子どもの状況についてのアセスメントを行い援助の計画を作る。また、ボランティアのスーパービジョンは電話等で必要に応じ随時行っている。きわめて軽度の虐待や虐待の恐れがあるときは、その家族の承認を得て関係当局に通報するが、重度の虐待がある場合は承認なしでも通報する。ボランティア・コーディネーターは子どもに関係する機関相互の連携も活発に行っている。

　その他、2003年度（2003年9月から2004年8月）は家族の集いを年2回実施し家族やボランティアたちの慰労と交流を進めたり、活動のモニターや評価を実施したり、利用家庭やボランティアへ情報提供するためのパンフレット作成や機関紙発行・マスコミへの出演・広告、1回4時間のワーカー付きの家族支援グループ活動（12家庭までの参加が上限）、15家庭の雇用の確保、ノーリッジ市の住宅供給局と協働で家族（5から10家族）に対し住宅供給などもしている。

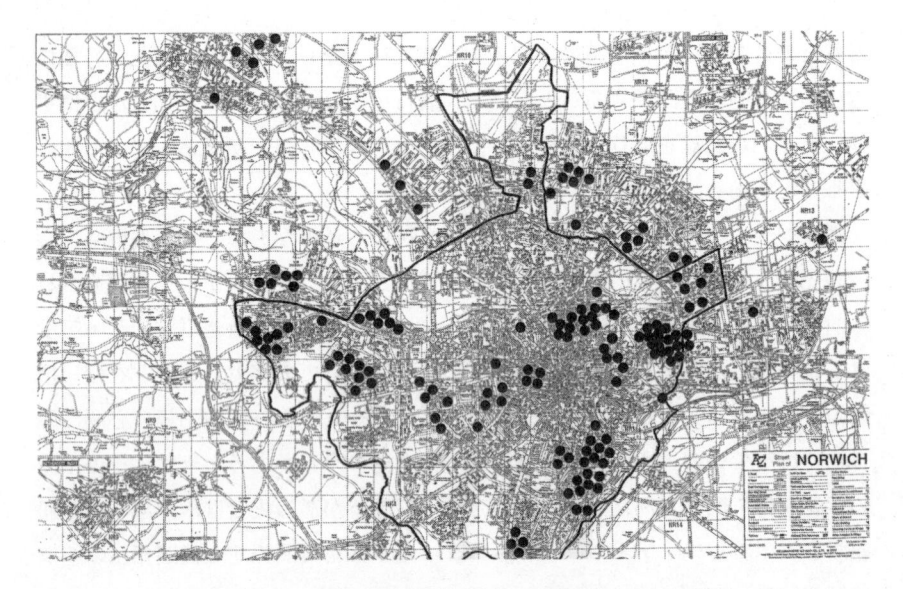

ボランティアが派遣された家庭（2002.10–2003.9）
＊黒丸は派遣された家庭
＊黒丸が密集している地域は低所得世帯が多くある地域
＊太線内がノーリッジ市

iv）ボランティア・トレーニング

　ボランティアとして活動するには、まずボランティア初級講座を受講しなくてはならない。年2回開催され、1回あたり8日間で終了する。この講座はイギリスで全国的に承認されたボランティア・トレーニング認証（2005年まで）を取っている。そして、その受講期間内に参加者1人1人が犯罪歴がないことのチェック＝ポリスチェックも行われる。活動を進めるに当たっては先輩ボランティアによる指導講座も年1回6講座（1講座4時間）行われる。また、活動を始めてからは必要に応じてコーディネーターに相談が可能で、また6ヶ月に1回はグループ面接が行われ、スーパービジョンが実施される。筆者は取材のため2004年度第2期となる講座のすべてに参加した。

2004年ボランティア・トレーニング講座

午前： 9時45分～12時15分
午後：12時45分～14時15分

回　数	午前／午後	内　　容	講師等
第1回	午前	導入、講座のルール（契約）づくり なぜ家庭滞在型ボランティアが必要なのか？	コーディネーター
	午後	機関・スタッフ紹介	コーディネーター 家族の家スタッフ
第2回	午前	家族生活、親とはなにか？	コーディネーター
	午後	信頼関係づくり、誰のニーズ？親？子ども？	コーディネーター
第3回	午前	価値と態度、あなたはどう考えますか？	コーディネーター
	午後	ストレスと負担	コーディネーター
第4回	午前	活動を通した傾聴のスキル	コーディネーター
	午後	DV（ドメスティック・バイオレンス）	家族の家スタッフ
第5回	午前	子どもを守る――ボランティアの役割―	コーディネーター
	午後	保健師の役割	州保健師
第6回	午前	子どもの保護	ソーシャルワーカー（州社会サービス支所・アセスメントチーム）
	午後	ファミリー・サポートチーム	教師・ソーシャルワーカー（州社会サービス支所・ファミリーサポートチーム）
第7回	午前	地域の中での支援――なにが提供されているか――	市住居・福祉権利担当者
	午後	他人の家庭で安全に活動する	コーディネーター
第8回	午前	なにを学んだか　手順や知恵 滞在型ボランティアのパネル討議	コーディネーター
	午後	修了式 修了試験	家族の家スタッフ、来賓、マスコミ
第9回	終日	講座修了者個人面接	

ボランティア・コーディネーターによる講義（第2回講座）

a）第1回講座のプログラム

　開講の挨拶の後、講座のオリエンテーションや家庭滞在型ボランティア活動の簡単な紹介がある。その後、講座の契約事項についての話し合いが持たれ、参加者と講座中のルールについて話し合い、グループの約束（下表参照）として確認する作業を行う。

グループのルール
・　新しい考えや学びに開かれた姿勢を持つ
・　講座を欠席しない
・　欠席できない時はコーディネーターか参加者に伝える
・　各回終了時に順番に意見を聞く
・　名札をつける
・　信頼感を持ち正直であること
・　違いの尊重
・　グループ内での秘密保持
・　私たちは平等である
・　私たちの挑戦する気持ちの尊重
・　非審判的であること
・　傾聴すること
・　安全な雰囲気づくりにつとめること
・　講座終了後の公的イベントがあること

　午後は、今後の講座やボランティア活動上で関わる家族の家のスタッフと会い、相互に紹介し合うことで波長合わせやそれぞれの役割の紹介を行う。

b）第2回講座のプログラム

研修テーマ
「親とはなにか」「関係づくり」「誰のニーズ？子ども？親？」
研修目標
・　親であることの複雑さや欲求についての意識化
・　政府緑書「すべての子どもの問題」を紹介する
・　なにが親子関係づくりに有効か考える
・　子どもと親のニーズを考える
研修成果
・　親であることに関係する実情や責任、情緒、外部からの影響について理解する
・　政府緑書「すべての子どもの問題」のポイントと、家庭滞在型ボランティア活動について短く要約する
・　「友情」の質を理解し、ボランティア活動への生かし方がわかる
・　問題とそれをどう感じ、誰が助けてくれ、どう助けてくれたかについて他人に話してみる
・　非審判的な聞き方を経験する
・　子どもと親のニーズを理解する

　講座の2日目で、親業や親子の関係、そして親のニーズや子どものニーズについて改めて確認することから始められる。親の仕事内容を再認識したり、親が親として完璧である必要がないこと、そして子どもは子どもとして生活し成長に必要な方向付けがされることが大切であることなどが、資料と参加者の話し合いで確認される。その上でイギリス政府の報告書（Green Paper）から、子どもや子育ての実態と制度上の問題点、そして制度改正の方向を学び、親業が子どもの教育や行動や心の健康にきわめて大きな影響があることが説明される。また、近年政府から期待されている親業支援プログラムの中心課題が家庭滞在型活動（Home Visiting）であり親教育（Parent education）であることが紹介される。

　すなわち、親の役割の重要性と、それを支える新しいサービスとしての家庭滞在型のプログラムの重要性について説明されるわけである。そして、ボランティア活動上最も重視すべきことの確認が行われる。

c）第3回講座のプログラム

研修テーマ
「肯定的な子育て」「価値と態度」「実践での平等な機会の提供」
研修目標
・　子どもの行動が子どものニーズにどれだけ結びついているかを理解する
・　子育ての仕方にはいろいろあることを理解する
・　肯定的な子育てについて紹介する
・　価値や態度はなにによって作られるのか、そしてそれらはどう私たちの関係に影響するか理解する
・　子どもの成長上平等の機会を提供することをボランティアの役割と関係づける
研修目標
・　なぜ子どもは間違ったことをするかを説明できる
・　様々な子育てのスタイルについて描写できる
・　親というのは難しい仕事であることを再確認できる
・　体罰に対して適切な意見をいえる
・　肯定的な子育てのための適切な意見をいえる
・　価値や態度、判断基準について疑うことができる
・　平等の機会について、そしてそれがボランティアにとってどんな意味があるのかについて話すことができる

　子どものニーズ、子育てについての価値や子育ての多様性、そして子どもの成長上の機会を平等にすることの意義をディスカッションを通して理解を深めることを目的としている。子どものニーズにまず焦点を当て、子どものニーズに対しての「親」の役割を説明し、確認するセッションである。子どもの1次的ニーズとしては栄養・温かさ・保護が説明され、2次的ニーズとしては愛情・安全・新しい経験・評価と承認・責任を持たせることなどが最初に説明される。その上で受講者自身も親である場合がほとんどなので、様々な子育てのスタイルがあることを確認し合う機会が提供される。子育てスタイルを3つのモデル、攻撃的な子育て、消極的な子育て、そしてアサーティブな子育てに分け説明し自らの子育てを振り返る討議機会を作っている。こうした討議により、自分の子育てを経験主義的に押し付けることのないよう子育ての多様性を理解させている。また、子育ての基本原則として肯定的な子育ての仕方についても

本セッションの中で学ぶ。

d）第4回講座のプログラム

研修テーマ
「あなたは傾聴していますか？」「ドメスティック・バイオレンス」
研修目標
・　アクティブ・リスニングの概念を紹介する（開かれた質問、閉じた質問） ・　聞くためのスキルを練習する機会を提供する ・　言語的、非言語的コミュニケーションへの注意の喚起 ・　ドメスティック・バイオレンスに関する問題を理解する
研修成果
・　聞くことと傾聴することの違いを説明できる ・　積極的な傾聴と意思疎通のポイントとなる局面を理解できる ・　適切な身体的言語＝非言語的コミュニケーションをとれる ・　傾聴される経験をする ・　傾聴の技能を使ってみる ・　ドメスティック・バイオレンスと利用可能なサポートについて話し合う

　ホーム・ビジティングの活動で最も重視されているのが肯定的な傾聴である。親の友人として家庭で親の話に耳を傾けることがホーム・スタートの活動のすべてといってもいいのかもしれない。第4回講座ではこうした傾聴の意味や傾聴の技術を演習形式で体験的に学んでいく。「良い傾聴は活動的である」として、開かれた質問、受容と励まし、ノンバーバル（言語によらない）なメッセージへの注目、他人の立場になって聞くこと（empathising）、そして自分なりにまとめて反復して確認することの必要性などが演習で理解を深められるよう工夫されている。そしてノンバーバルな表現としては、ジェスチャー・表情・姿勢・身体的距離・適応性・アイコンタクト・身体表現・語気などが紹介され注意が喚起される。また、会話の方法として会話が展開してゆく「開かれた質問」と会話が途絶える「閉じた質問」があること等の説明もされる。

　また、この日のもう1つの研修目的はドメスティック・バイオレンス（以下DVと略す）である。一般に理解しにくいDVの原因や実態、子どもへの影響、

DVの被害者が逃げられなくなる心のメカニズムなどを講義形式で学ぶとともに、DV被害者やその子どものための多様な支援・治療機関とその役割について説明がされる。

e）第5回講座のプログラム

研修テーマ 「傷害から子どもを守る」「虐待に関する行動」「保健師の活動」
研修目標 ・　ノーリッジ家族の家の児童保護方針の明確な理解の促進 ・　子どもの保護に関してボランティアの役割を明確にする ・　ボランティアとコーディネーターの間の良いコミュニケーションの重要性を強調すること ・　保健師の役割と責任を理解する
研修成果 ・　虐待の4つのカテゴリーを説明できる ・　児童虐待の指標を理解し、認識することができる ・　児童虐待が疑われたときノーリッジ家族の家はなにをするのかを説明できる ・　児童保護に関しての自分の感じや関わりについて認識することができる ・　保健師の責任や役割を説明できる

児童虐待についての学習である。ボランティアたちは、経験を積むと場合によっては児童虐待の防止のための保護登録を受けている家庭に入ることもある。そうした将来の活動のための基礎的学習としての意味とともに、派遣家庭の状況をつまびらかに知ることになるボランティアたちが児童虐待を発見できるよう訓練し適切な通報や対処が可能となるようにする意味もある。

児童虐待の種類やその具体的状態の紹介から始まり、児童虐待の発見の目の訓練がされる。その上で児童虐待を発見した場合「どんなことをしなければならないのか」、そして「どんなことをしてはいけないのか」を演習形式で学んで行く。とりわけコーディネーターとの適切なコミュニケーションの方法と、「傾聴すること」「記録すること」「解決に向けた熱意」の重要性についてが強調されていた。児童虐待はとりわけ慎重・適切な対応が求められるため、毎回

のセッションのようなディスカッションによる振り返りではなく、ワークシートにより詳細な振り返りが行われる。

また、午後のセッションでは児童虐待や乳幼児の発達に大きく関わっている保健師を講師として招き、保健師の仕事の説明を受ける。1つの家庭に入るチームのメンバー同士としての相互理解と、派遣家庭に対して地域資源の活用を助言するため保健機関に関する基礎知識を得ることを目的としている。

　f）第6回講座のプログラム

研修テーマ
「ソーシャル・サービスと児童の保護」「ファミリー・サポート・チーム」
研修目標
・　政策と手続きを結合するノーフォーク州児童保護委員会（ACPC）に詳しくなる ・　ソーシャル・サービスの役割と責任、そしてどうやって子どもの安全保持のため協働すればいいのかを理解する ・　ファミリー・サポート・チームの仕事について情報提供される ・　肯定的な子育てアイデアを紹介される
研修成果
・　ソーシャル・サービスの責任を説明できる ・　子どもの安全に関することが起こったとき社会はどう対応するかを説明できる ・　児童保護に関してのボランティアの役割を説明できる ・　ファミリー・サポート・チームの活動について説明できる。どのように家族は利用でき、どんな家族や子どもを支援するのかについて ・　ボランティアはどのようにファミリー・サポート・チームの仕事を支援できるのかを説明することができる

　午前はソーシャル・サービスの仕事、とりわけ児童の保護についてのセッションである。ACPCのソーシャル・ワーカーを招き保護登録のシステムや、虐待の危機介入の方法など説明を聞く。連携した取り組みの方法や、児童虐待防止に向けたボランティアの役割、発見した場合のコーディネーターとの連絡のあり方について考えることが要求される。

　午後はファミリー・サポート・チームの活動の目的、根拠となっている理論、対象、活動内容などについて説明を受けた。ファミリー・サポート・チー

ムはノーフォーク州のソーシャル・サービス事業で、教師、心理職、保健師、保育士、プレーワーカー（日本の児童厚生員に近い）などにより構成され、家庭に定期的に入り親のための子育ての訓練をする事業である。家庭で具体的にやって見せ、親ができるようにしてゆく方法をとるもので、遊び方、勉強の指導の仕方、しつけの方法、健康の確保の仕方などその活動内容は多彩である。また、親だけでなく非行少年の援助などの場合は子どもに直接関わることも少なくない。

g）第7回講座のプログラム

研修テーマ
「住宅供給と福祉の権利」「信頼ということ」「個人の安全」
研修目標
・　住宅供給と福祉の権利についてボランティアの知識を広げる ・　家族と活動するに当たって「信頼」と「守秘義務」の一般的重要性を認識する ・　派遣時（1人のとき）の自分の安全についての注意を喚起する
研修成果
・　住宅と福祉の権利アドバイザーから利用可能な援助を説明される ・　信頼と守秘義務がなぜノーリッジ家族の家でとても重視されるのかを説明できる ・　自分の安全について思い出すため重要ポイントのリストを作ることができる

ノーリッジ市の福祉の権利保障の担当ワーカーを招いての学習会が午前中実施される。わが国でいう公営住宅の供給の支援や、ホームレスのための住宅支援、そしてその他の福祉サービスの提供のための手続きなどを担当しているワーカーである。子育てを安定化させるために有効な地域資源の紹介が丁寧にされた。

また、一連の講座の最後のセッションとして、派遣家庭のアセスメント項目の紹介や、派遣家庭や派遣家庭へ移動中のボランティア自身の身の安全の確保の仕方について具体的な場面設定をして演習形式で説明がされる。家庭内でのDVや児童虐待発生などの際や、事故への対応、治安が不安定な地域への出入りの仕方などである。

安全確保のための留意点として次の13項目が整理され説明される。①決められた日時だけ家庭訪問・滞在する、②利用者の家庭から出かけたり戻りたい場合は誰かに報告しておく、③家庭に入るのは保護者がいる時だけに限る、④招き入れられるまでは家庭には勝手に入らない、⑤出口の場所など周囲の状況を把握しておく、⑥適切で節度ある服装を保つ、⑦携帯電話を持つ、⑧近くの電話ボックスを確認しておき小銭と「家族の家」事務所の電話番号を身に付けておく、⑨なにかあればすぐに逃げられるようにしておく、⑩犬やペットは活動で滞在する部屋以外の部屋に移すように依頼する、⑪緊急事態のために自分の家族の名前と住所が書かれた緘封された封筒を提出しておくこと、⑫危険についてあらかじめ情報収集しておくこと、⑬あなたの直感を生かし不安を感じたらすぐ逃げること、以上である。

　h) 第8回講座のプログラム

研修テーマ
「修了と新たな始まり」「立食ランチ＆修了証授与式」
研修目標
・　希望と不安の再来 ・　学習結果の評価 ・　コースの評価 ・　修了と新たな始まりについての気持ちの主張 ・　訪問ボランティアの経験の分かち合い ・　相互評価
研修成果
・　希望が達成されたか、恐れが軽くなったかを話す ・　学習結果に基づく質問表の完成（30項目からなる学習確認テストの実施） ・　コース評価の完成 ・　グループメンバーに対する肯定的なメッセージの作成 ・　経験のあるボランティアへの質問 ・　修了証の授与

　最終回である。午前中は講義内容の振り返りと修了テストである。本講座で説明があったポイント30項目程度の設問に自由記述で解答するもので1時間程

度かかる。その後、自己の学習評価と参加者相互の肯定的な評価が交わされ、その上で今後の活動のイメージを明確に持ってもらうためボランティア経験者3名を招いてのディスカッションが行われる。活動上の困難や、活動の喜び、活動による利用家庭の変化、活動上の注意点など様々な話題が展開される。

修了テストの様子

　昼から午後にかけては、立食の終了パーティと修了証の授与である。家族の家の主催するこのようなパーティは年に数回行われる。家族の家はこうしたパーティを重視している。ボランティアへのねぎらいと賞賛、ボランティアたちの交流と定着という目的を持って実施されている。

修了者とスタッフ

　そして、この1週間後にボランティアたちとコーディネーターとの個別面接

が実施される。試験の結果や受講時の状況、ポリスチェック、活動希望などの情報を踏まえた実際の派遣のための相談である。講座を修了したばかりの人は、まず最初は軽易なケースを担当し自分のスキルを磨くことになる。また、派遣が適切ではないと判断された人は、適切ではないと判断された理由が本人に明確に説明される。当然、派遣につながることはない。

V

日本の家庭滞在型サービス（Home Visiting）

（1） 3つの家庭滞在型サービス

　わが国で家庭に滞在しサービスを提供する形態の事業（障害児を対象とした以外のもの）は3つある。昭和60年度から実施された母子家庭等日常生活支援事業のなかの母子家庭、寡婦及び父子家庭介護人派遣事業と、平成14年度から実施された家庭訪問支援事業（平成16年度より育児支援家庭訪問事業に発展的に統合）、そして児童訪問援助事業（ホームフレンド）である。まずはわが国の3つの制度の概要を確認することとしたい。

ⅰ）母子家庭、寡婦及び父子家庭介護人派遣事業

　母子及び寡婦福祉法第17条に基づき実施されている母子家庭等日常生活支援事業のうちの1つの事業である。「母子家庭、寡婦及び父子家庭介護人派遣事業実施要綱」（平成7年、厚生事務次官通知）に基づき実施されている。母子家庭の母等が一時的な傷病や、日常生活を営む上で支障がある場合、就学など自立促進に必要な事由、及び冠婚葬祭等社会的事由がある世帯、父子家庭となってまもなく生活が安定するまでの間の世帯に対して介護人を派遣し、必要な介護、保育を行う事業である。サービス内容等は下記のとおりである。
　a）サービス内容
　乳幼児の保育、食事の世話、住居の掃除、身の回りの世話、生活必需品等の買い物、医療機関との連絡、その他必要な用務。
　b）派遣される介護人
　心身ともに健康であって、母子家庭、寡婦または父子家庭の福祉の向上に理解と熱意があり、家事・介護及び保育の経験及び能力を有する者。

c）介護の日数及び時間

　1日または半日を単位とし、1回の介護はおおむね8時間以内または4時間以内で、月10日以内を原則とする。

　d）費用単価

　1日の場合4,800円、半日は2,400円。

ⅱ）育児支援家庭訪問事業

　「育児支援家庭訪問事業実施要綱」（平成16年厚生労働省雇用均等・児童家庭局長通知）に基づき実施される。平成14年度より実施されていた家庭支援員制度や乳幼児発達相談事業等を統合し強化した事業である。本事業は本来児童の養育に

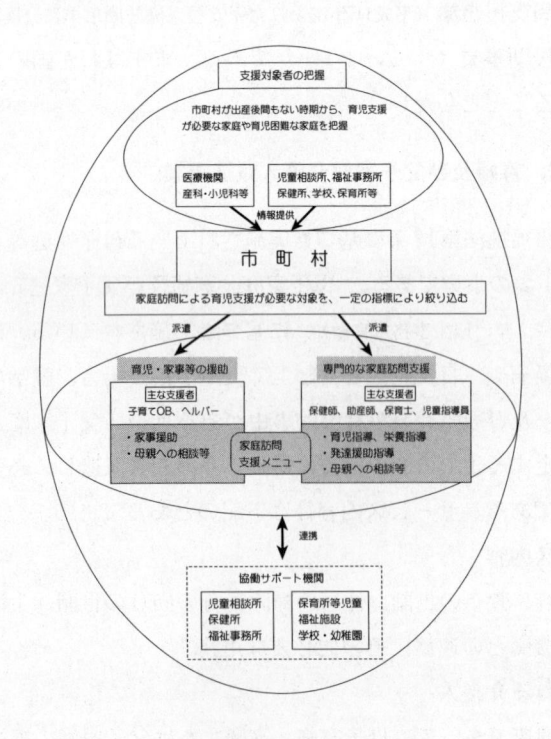

育児支援家庭訪問事業の概要図
出典：厚生労働省ホームページ

ついて支援が必要でありながら、積極的に自ら支援を求めていくことが困難な状況にある家庭に過重な負担がかかる前の段階において、訪問による支援を実施することにより、当該家庭において安定した児童の養育が可能となること等を目的とする。この事業を実施している自治体はきわめて少ないのが現状である。具体的な内容は下記のとおりである。

a）実施主体

市町村または市町村が委託した者。

b）対象（下記例示参照）

- 出産後まもない時期（おおむね1年程度）の養育者が、育児ストレス、産後うつ病、育児ノイローゼ等の問題によって、子育てに対して不安や孤立感等を抱える家庭、または虐待のおそれや、そのリスクを抱える家庭。

養育支援が必要となりやすい要素（例示）

子どもの状況	1	極端にやせている、または極端に太っている
	2	乱暴な行動
	3	極端に落ち着きがない
	4	傷、やけど、打撲等のあざが多い
	5	不潔な衣服
	6	極端におびえている、またはべたべたと他人にくっつく
	7	その他（　　　　　　　　　　）
養育者の状況	8	極端に暗い（沈んだ様子）
	9	アルコールのにおいがする
	10	打撲等のあざが多い
	11	子どもに無関心
	12	人前で大声を出して怒り、子どもを叩く
	13	その他（　　　　　　　　　　）
家庭の状況	14	養育者の年齢（父親・母親いずれかが10代）
	15	ひとり親
	16	経済不安
	17	双子・三つ子等を出産して1年以内
	18	養育者の病気
	19	子どもの数が4人以上
	20	その他（　　　　　　　　　　）

- ひきこもり等家庭養育上の問題を抱える家庭や、児童が児童養護施設等を退所または里親委託終了後の家庭復帰等のため、自立に向けたアフターケアが必要な家庭。
- 児童の心身の発達が正常範囲にはなく、または出生の状況等から心身の正常な発達に関して諸問題を有しており、将来、精神・運動・発達面等において障害を招来するおそれのある児童のいる家庭。

c) サービス内容
- 家庭内での育児に関する具体的な援助（産褥期の母子に対する育児指導や簡単な家事等の援助、未熟児や多胎児等に対する育児指導・栄養指導、養育者に対する育児相談・指導、若年の養育者に対する育児相談・指導、児童が児童養護施設等を退所後にアフターケアを必要とする家庭等に対する養育相談・支援）。
- 発達（相談・訓練）指導（家庭における指導が必要な場合には理学療法士を派遣）。

d) 支援を行う者
- 養育支援の必要の可能性があると思われる家庭に対する育児、家事の援助については、子育てOB、ヘルパー等が実施する。
- 産後うつ病、育てにくい子ども等複雑な問題を背景に抱えている家庭に対する具体的な育児支援に関する技術指導については、保健師、助産師、保育士、児童指導員などが担当する。

ⅲ) 児童訪問援助事業（ホームフレンド）

「父子家庭等支援事業実施要綱」（平成8年厚生省児童家庭局長通知）に基づき実施されている。離婚等による葛藤の緩和や地域での孤立化を防ぎ子どもの悩みを聞くことにより、心の支えとなり自立心を養うために、父子家庭等の子どもの相談に気軽に乗れる大学生等（ホームフレンド）を家庭に派遣し学習指導や簡単な家事指導等を行うもの。派遣の具体的内容は下記のとおり。

a) **実施主体** 都道府県または都道府県から委託を受けたもの。
b) **業務** 児童のよき理解者として児童に接し、学習指導や簡単な家事指導等を行う。

c）派遣単位　半日4時間以内。
　d）派遣単価　1回2,400円。

（2）わが国の家庭滞在型サービスの実際

　実際の派遣事業の内容について見ておくことにしたい。ここでは、前述した母子家庭、寡婦及び父子家庭介護人派遣事業と育児支援家庭訪問事業をあわせた形で、独自事業としてヘルパー派遣を実施している東京都世田谷区と、育児支援家庭訪問事業の前身である家庭支援員制度の段階から取り組みを行っている愛知県名古屋市、そして保育士の派遣という形態で独自に養育困難家庭の支援のための研究活動を行っている東京都清瀬市のNPO団体の3箇所を取材しわが国の家庭滞在型サービスの実践を紹介することとしたい。

i）ひとり親家庭等ホームヘルパー派遣事業
　　　――東京都世田谷区での家庭滞在型サービス――

　a）世田谷区の概要
　世田谷区は人口が約80万人と東京都23区では最も多い自治体で、工場や大規模な商店街やオフィス街はなく住宅街が広がる地域である。子ども施策については取り組みが積極的であることに定評がある。地方版エンゼルプラン＝児童育成計画もいち早く策定し、次世代育成支援行動計画の先進策定自治体に入るなど、その取り組みは早い。子ども家庭相談も児童福祉法の改正前から、地域の一義的相談機関を設置し、区としても地域の子ども家庭の相談についても相談機関（子ども総合相談）を作り積極的に責任を果たしてきている。本事業も全国的には事業実施がほとんど進んでいない中、母子家庭等日常生活支援事業と育児支援家庭訪問事業をあわせたような内容で区単独事業として実施している。
　その実施も平成14年度からであるなど対応は早い。なお、ひとり親家庭ホームヘルパー派遣事業については昭和58年より実施しているが世田谷区はこの事

業をベースに予算を上乗せして独自の制度を作っている。東京都の事業枠組は、「日常生活を営むのに著しく支障があるひとり親家庭に対して一定の期間、ホームヘルパーを派遣し、日常生活の世話等必要な援助を行うことにより、これらの家庭の福祉増進を図る」ことを目的に、月12回以内で、家事・育児に関するサービス、具体的には食事の世話、育児、掃除、洗濯、その他の必要な用務を援助内容として実施している。世田谷区の予算の上乗せ分は、養育困難家庭などへの派遣部分で、東京都の中では予算額は平成16年度で約6,200万円と突出して多い。

b）「ひとり親家庭等ホームヘルパー派遣事業」の仕組みと実績

制度の概要

この事業は、ひとり親家庭、またはなんらかの事情で子どもの養育が特別に困難となっている家庭にホームヘルパーを派遣し、日常生活の世話等必要な援助を行うことを目的としている。対象家庭は、具体的には①世田谷区に住所があり、日常生活に著しく支障をきたしているひとり親家庭等であること、②小学生以下の子どもだけを扶養している家庭であること、③世帯の所得が基準限度額以下であること、の3つの条件を満たしている世帯となる。派遣されるのは下記の4つの場合に限られる。

①ひとり親になって1年以内のとき。

②ひとり親の家庭の児童が小学校3年生以下のとき。

③ひとり親家庭の親または児童が一時的傷病となったとき。

④その他、区長が児童養育上特別な事情があると認めたとき。

「世田谷区ひとり親家庭等ホームヘルパー派遣事業実施要綱」に基づき実施されている。サービスの内容は、食事の支度や後片付け、掃除、洗濯、保育所の送迎、育児、買い物などの日常的な家事援助を行う。サービスの対象外となるものは、日常的な家事の範囲を超える大掃除や家具の移動、庭の草取りなどである。なお、病児保育や看護、そして預金の出し入れは行わない。

所得制限と費用負担

区分	所得基準額		負担額（1時間あたり）	
	子ども1人	子ども2人	8-18時	時間外等
A	3,000,000円以下	3,380,000円以下	0円	0円
B	3,000,001— 3,984,000円	3,380,001— 4,364,001円	400円	500円
特別な事情のある世帯	3,984,001円以上	4,364,001円以上	800円	1,000円

　世帯の所得に応じて費用負担が発生する場合もある。年収300万円以下の世帯に費用負担はない。費用負担区分は3つで低所得世帯への負担を軽減する制度になっている。派遣は朝7時から夜10時の間で、1回2時間以上8時間以内で必要最小限の時間となり、週に3回までである。保育所や学童クラブとして本事業が利用されることを回避するため、この派遣制度を利用するためには保育所や学童クラブの利用申し込みをしていることが条件となっている。

派遣時間・回数・期間

派遣理由	派遣時間	派遣回数	派遣期間
①ひとり親直後	午前7時から午後10時までの間で、2時間以上8時間以内の必要最小時間	月12回（日）以内	派遣開始後1年以内
②小学3年生以下		月12回（日）以内	通算3年以内
③一時的傷病		月6回（日）以内	治療期間
④特別な事情		月6回または12回以内	事情により異なる

予　算

　平成16年度の予算額は約6,200万円、決算額は約5,920万円、平成17年度の予算額は約6,770万円で毎年増加傾向にある。

実　績

　世田谷区では子どもや家庭に関する総合相談事業（子ども家庭支援センターを区内5ヶ所に設置）を実施しており、平成16年度の相談受付件数は次表のとおりである。新規の相談はその他を除くと、子育て相談が最も多く、次いで虐待相談、ドメスティック・バイオレンスの順である。継続では虐待が最も多く、子

育て相談、在宅サービス（障害児等へのサービスを含む）の順になっている。相談業務の中心が子育て相談と虐待相談であることがわかる。

平成 16 年度世田谷区子ども総合相談受付件数

項目	種類	合計
子育て	新規	387
	継続	1228
虐待	新規	286
	継続	1497
ドメスティック・バイオレンス	新規	208
	継続	711
保育関係	新規	251
	継続	549
教育	新規	28
	継続	100
制度の説明	新規	147
	継続	228
在宅サービス	新規	119
	継続	1221
その他	新規	332
	継続	1271
合計	新規計	1761
	継続計	6865

こうした相談状況の中、世田谷区ひとり親等ホームヘルパー派遣事業の利用者数は下記の表のとおりである。この制度を利用している家庭のほとんどが母子家庭で、次いで養育困難家庭が2割弱、父子家庭はほとんど利用がない。派遣事由では、子どもが小学3年生以下が最も多く、親の傷病も1割近くある。

平成 16 年度世田谷区ひとり親等ホームヘルパー派遣実績（世帯）

	母子家庭	父子家庭	養育困難家庭	合計
登録世帯数	125	3	21	149
利用世帯数	119	3	20	142

平成16年度世田谷区ひとり親等ホームヘルパー派遣事由内訳（世帯）

	ひとり親直後	小学3年生以下	一時的傷病	教育困難
母子	1	109	9	20
父子	0	3	0	

　世田谷区には全部で5つの子ども家庭支援センターがある。これらが、サービスの申請の受付や、派遣の決定、サービスの調整を担っている。2つの相談センターでは養育困難世帯への派遣が0となっている。安定した世帯ばかりの地域ではないにもかかわらず派遣家庭がない状態である。

5つの相談機関ごとの派遣実数（延べ世帯数ではない）

	ひとり親直後	小学3年生以下	一時的傷病	教育困難
A相談センター	1	14	3	7
B相談センター	0	15	3	0
C相談センター	0	29	1	10
D相談センター	0	12	0	0
E相談センター	0	42	2	2

事業者の種類

　ホームヘルパー派遣の受託事業者は、現在12団体が登録されていて1事業者を除いて高齢者ケアを中心業務としているところである。株式会社が5社、有限会社が6社となっている。1社だけがNPOで、子ども家庭支援を団体のミッションとしているところで、養育困難世帯へのホームヘルパーの派遣はほとんどこの団体に依頼されている。

c）サービス提供の流れ

インテーク

　本制度の利用に至る経路は、保健師が家庭訪問やその他の相談業務等で本サービスの提供が適切と判断し紹介した場合が多い。また世田谷区の子ども家庭支援センターでは保育所の入所申し込みの事務も担当している。申し込みの際の生活や就労状況のアセスメントで本サービスを紹介することも少なくない

ようである。なお、世田谷区の作成するパンフレット等を見て直接保護者が申し込むこともある。

アセスメントと利用手続き

利用申し込みは、区内3箇所にある子ども家庭支援センターの窓口に出向き、「世田谷区ひとり親家庭等ホームヘルパー派遣申請書」を保護者が記入し提出することから始まる。申請書は①申請者の住所氏名、②家庭構成や祖父母（＝申請者の親）の年齢や職業・住所等、③申請理由、④希望する援助内容、⑤希望する曜日・時間などの項目から構成されている。一般的にはこの申請から1週間後に派遣が開始されることになる。また、申請内容が正確かどうかを確認するため書類＝就労状況申告書・勤務証明書（事業所が発行するもので勤務時間や業務内容、超勤実態、育休・育児時間、定休日等についての証明）、場合によっては診断書等ももらうことがある。その上で書類審査があり派遣決定になる。派遣が決定すると、「ひとり親家庭等ホームヘルパー派遣計画」が作られ、業者の選定がされ、派遣の実施に至る。基本的にはホームヘルパーが行うサービスは申請に基づいて決定されるが、養育困難家庭に対しての派遣の場合は派遣前に関係する機関等により個別ケア会議（ネットワークミーティング）が開かれる。また、こうした家庭などの場合は派遣決定後すぐ子ども総合相談のワーカーと業者のコーディネーターが一緒に家庭訪問しサービス内容の相談や確認を行っている。

ホームヘルパーの派遣

実際のサービスはホームヘルパー派遣事業者に委託して提供される。具体的なサービス内容は①子どもの食事の世話、②住居の掃除整頓、③被服の洗濯、④育児、⑤保育施設への送迎、⑥その他認められた用務である。事業者は一般的な家政婦やホームヘルパー（3級以上）の派遣をしているところで、子どもに関する特別な研修を受けているホームヘルパーを派遣しているところは1箇所（NPOの運営する事業所）しかない。区として登録している事業者数は平成17年度現在12で、株式会社が7社、有限会社が4社、NPOが1という内訳となっている。派遣内容に関して派遣決定以降の調整のために子ども家庭支援センターのワーカーが訪問する場合もある。サービス提供上のコーディネートを子

ども家庭支援センターのワーカーと業者の担当者が行うが、彼らはアメリカでいう家庭維持支援ワーカー（インタクト・ファミリープロジェクト担当ワーカー）の役割、すなわち地域での安定した家庭生活維持のための役割の一部を果たしていることになる。

モニタリング（ケースカンファレンスを含む）

毎月業者から派遣している全世帯の派遣状況の報告がされることになっている。「ひとり親家庭等ホームヘルパー派遣報告書」と「ひとり親家庭等ホームヘルパー派遣状況報告書」の２つが毎月子ども家庭支援センターに提出される。前者は派遣日や時間サービス内容、派遣されたヘルパー名等を記入し、事業者への委託費の支払いの積算根拠としても使われる。後者はより家庭の生活状況に踏み込んだもので、派遣ヘルパー名・派遣日・児童の状況（心身の状況・変化）・サービス提供の状況・利用者の要望・市への連絡事項等からなっている。特にひとり親であることが申請理由ではない家庭、つまり養育困難家庭にとって、このモニタリングはヘルパー派遣の状況のモニタリングとしての目的とともに家庭の状況のモニタリングとしても機能している。すなわち、こうした日常的な生活に関する情報は養育困難家庭のケースマネージメントのためのモニタリングとしてもきわめて重要な意味を持っているのである。

終　結

派遣開始から１年間がサービス提供の承認期間となっているので、１年間が終わると評価（エバリュエーション）が行われ原則的には支援が終了する。当然、継続の必要性がある家庭に対しては引き続き派遣が継続される。終了する場合は、ネグレクトの家庭であったが日中保育所入所が可能になるなどニーズが他の制度で充足される場合や、ひとり親家庭で子どもが小学３年生を過ぎるなど派遣要件を満たさなくなった場合、そして派遣によって生活の改善が見られず児童相談所が分離等の介入をすることになった場合である。

しかし、保育所入所が決まった場合でも保育所への送り迎えが困難で継続になったり、養育困難家庭の場合などは家庭内の状況把握のために意図的に継続にしたりする場合もあるようだ。

d）派遣ヘルパーの派遣実績とコーディネートと訓練

　世田谷区の養育困難家庭へのホームヘルパー派遣のほとんどすべてを担当している事業所の紹介をここですることにしたい。ホームヘルパーに対して子どもや家庭問題の理解を進める講座を実施している事業者＝日本子どもソーシャルワーク協会の派遣実績や研修制度、コーディネート等について紹介する。

〔日本子どもソーシャルワーク協会について〕

日本子どもソーシャルワーク協会ロゴマーク

　本事業者はNPO法人で多様な子ども関係の活動を実施しているところである。平成12年に活動を開始し、15年にNPO法人化している。ホームヘルパーの派遣は平成15年より実施している。主要な事業は児童福祉専門員養成講座、ホームヘルパー派遣事業、児童電話相談事業、ユースワーカー派遣事業などである。

平成17年度活動計画
1　児童福祉専門員養成講座（初級・中級・上級）
2　ホームヘルパー派遣事業
3　児童電話相談事業
4　ユースワーカー派遣事業
5　不登校・ひきこもりの親の会事業
6　出版事業
7　その他（公開講座、調査研究、面接相談等）

ホームヘルパー採用・訓練・派遣までのフロー

　まず、ホームヘルパーとして採用し派遣するまでのフローチャートを確認しておきたい。なお、本協会ではホームヘルパーをケア・ワーカーと呼んでいることから、以下ケア・ワーカーの名称を使用する。現在登録は約120名で実働しているワーカーは約30名である。

　ケア・ワーカーの応募があると、丁寧な面接を行う。仕事内容の説明やパーソナリティの把握などケア・ワーカーとしての適性があるかどうかを判断するためである。その上で契約することとなる。新任者には半日の「ケア・ワーカー研修」が実施され、原則的には当NPOが主催する児童福祉専門員養成講座（初級）を受講したあと派遣される仕組みになっている。しかし、本講座は受講期間が長いため講座を受講しながら並行してホームヘルパーとして働くことも多いようだ。なお、2ヶ月に1回、継続研修が実施されている。問題の共有や解決に向けたグループワークが実施されスキルアップの機会が用意されている。研修内容の詳細は後述する。

募集から派遣までの流れ

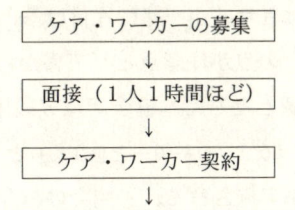

```
ケア・ワーカーの募集
      ↓
面接（1人1時間ほど）
      ↓
ケア・ワーカー契約
      ↓
ケア・ワーカー研修（派遣上の注意、救急法、2次感染、沐浴、先輩ワーカーの話）
      ↓
児童福祉専門員養成講座（初級 50,000円実費負担）
      ↓
派遣開始
      ↓
継続研修（隔月）
```

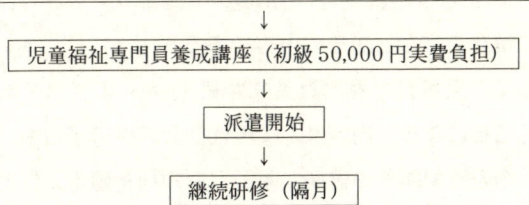

本協会の派遣実績

本協会のホームヘルパーを派遣している家庭数は平成17年2月から6月まで合計70家庭（月平均14家庭）で約半数（54％）が養育困難家庭となっている。こうした傾向は本協会が数少ない養育困難家庭を対象にできる機関であることが大きな理由となっている。利用世帯の児童の年齢は同じ時期でみると、乳幼児が16人、小学校低学年が10人、高学年が4人と乳幼児が半数を越えている。

ホームヘルパー研修プログラム

契約時に渡される「ケア・ワーカー派遣時の注意事項」には、事務的事項のほか派遣上の留意点が書かれている。一般的注意事項としては、①時間厳守、②守秘義務の厳守、③原則として家人がいない家には入らないこと、④ワーカー自身の飲食物は各自用意、⑤喫煙の禁止、⑥金銭や物品の貸し借りの禁止、⑦利用者へ住所等を教えない、⑧判断に迷うときはコーディネーターの携帯電話に連絡することなどが記載されている。また家事援助については①家事のやり方は家庭で異なるので利用者に十分確認しておく、②子どもの食事の依頼でも食事の準備と食べさせることと子どもが使用した食器の片付けを行うことなどが書かれ、保育に関しては①屋外遊びのときは特に事故に注意する、②遊んだおもちゃは子どもに片付けさせるか一緒に片付ける、③ワーカーの携帯電話のゲームは使わせない、などの点が注意点として書かれている。

こうした書面による確認とともに本協会では3段階の研修を用意している。ホームヘルパー（本協会ではケア・ワーカーと称する）として契約がされると、第1段階として初任者研修が実施される。①協会の紹介、②派遣に関わる注意事項、③救急法、④保健的注意、⑤沐浴指導、⑥先輩ワーカーの話、⑦養育困難家庭でのケアの留意点、などがその内容である。

第2段階として、児童福祉専門員養成講座（初級）の受講である。全8講座で費用は5万円必要になる。内容は、①現代社会の中の子ども、②保健師の子どもへの援助、③児童相談所の機能、④子どもの精神障害、⑤児童虐待、⑥学校における子どもの様々な問題、⑦少年法と少年事件手続き、⑧子どもと家族支援、などから構成されている。講師は精神科医や弁護士、保健師、教育相談

員、ソーシャルワーカーなどである。
　第3段階として、継続研修である、ホームヘルパーとして派遣される上での悩みや問題点についてグループ・スーパービジョンを行うのである。スーパーバイザーが中心となって、ヘルパーたちのグループワークによって実施される。
　e）ホームヘルパー派遣の課題
　本サービスの課題としては9点挙げられるのではなかろうか。1つ目は家事援助を中心とするホームヘルパー派遣制度そのものの限界である。ヘルパーは家庭で家事や育児の援助を行うことが中心業務となる。ホームヘルパー制度の限界としてヘルパー派遣まで必要ないケースや、ヘルパー派遣がかえって不適当なケースがあるということだ。ヘルパーは万能ではないということである。サービス提供を受ける家庭の側のニーズは家事の軽減だけではない。近所に友達がいないという「孤立の解消」であったり、親としての養育技術・技能の不足であったり、不安を打ち明ける話し相手がいないことであったりする。こうしたニーズに対する新しいサービスは今のところないが、先に挙げたホーム・スタートをはじめとするイギリスの多様なサービスの開発・活用が望まれる。また、ネグレクトの家庭に対して家事を単純に代行するホームヘルパーの派遣は場合によってはネグレクト状態を助長させてしまう問題もあり、世田谷区でもホームヘルパーの派遣を打ち切り児童相談所の介入に転換したケースなども出ているようである。
　2つ目はモニタリング、特に養育困難家庭に対するサービスの定期的なモニタリングの実施である。ワーカーごとには、定期的モニタリングを実施している方もいるようだが制度的にモニタリングの期間を決め、適切なモニタリングが実施されるようにすることが課題である。不要なサービスの提供の防止や、新しい状況の変化に対応した適切なサービス提供が重要である。またこうしたモニタリングで場合によっては1年を待たずにサービス提供を終了させることも必要ではなかろうか。その際判断基準となるのは経費の節減効果ではなく、家庭の自立度が優先されなければならないことである。
　3つ目は、養育困難家庭へのヘルパーの派遣をしていない子ども総合相談の

出張所があることである。理由は不明だが、こうしたヘルパーの派遣の効果や必要性、活用方法についての一般的理解の推進が課題ではないだろうか。

　4つ目は夜10時まで派遣することができる制度であることから、結果的に常時その時間まで親が家庭にいないことを容認してしまうことになり、ネグレクトを助長してしまっていることもあるのではないかという指摘がある。ヘルパー派遣自体を目標とせず、ヘルパー派遣をきっかけに子どもの生活の安定を目標とし子どもの養育環境をきちんとアセスメントして養育上の課題も明らかにする方法の開発も必要である。

　5つ目は、産褥期におけるヘルパー派遣事業は家事の代替がその最大の目標となる。しかしそれ以外のヘルパー派遣の目的は、家事の代替も行うが最終的には子どもの成長や発達上のニーズの充足である。家事援助も含めてすべては子どもに焦点が当たった子どもの成長上のニーズを満たすための制度として目的を明確化することが必要である。利用者にとっては家事援助の方が自分自身楽になることから、ややもすると家事援助を強く要求するような場面もあるようだ。制度の焦点がどこに絞られているかを制度の運用をする側も利用する側も明確に理解できるよう制度の目的の明確化が必要になってきている。

　6つ目は、ひとり親で派遣を受けていた場合でも途中から養育困難家庭としての派遣に切り替えることが可能となる制度に変えなければならない点である。現在は、ひとり親で派遣を受けている場合、子どもが4年生になるなどサービス利用の要件を満たさなくなると、親の側に養育困難の要因が残っていても自動的にヘルパーの派遣が終了してしまう制度になっている。その上、養育困難家庭としての派遣に切り替える際の相手側の理解を得ることが難しいことも多いことから、派遣が必要な家庭であるにもかかわらず保護者との合意ができずヘルパー派遣が打ち切られる場合も少なくないようだ。

　7つ目は子どもが4年生になるとヘルパー派遣は終了するが、子どもの側の要因、例えば子どもが知的障害や発達障害の場合では4年生以降も必要があれば利用できるサービスへの発展または連結が必要である。

　8つ目は事業受託業者の力量差の解消である。世田谷区が委託している事業

者12社のうち、1社だけが子どもに専門的に対応できるスタッフを持っているが、ほかは一般的な高齢者や障害者のホームヘルパー派遣の会社が受託している。子どもに対してのケア技術が必ずしも十分でないばかりでなく養育困難家庭へのサービス提供は危険ですらある。また家庭の状況をモニタリングする機能も期待できず大きな問題を残しているといえる。

9つ目としては、経費的な課題である。ますます、こうしたサービスの需要は高まる傾向にあり予算額は年々増加している。エバリュエーションなどにより達成度のチェックや費用対効果を高める工夫や他制度による支援などの方途が実践的に検討されないまま推移すると、サービスの向上上の観点でなく、財政上の観点からの急激で大幅な制度変革が実施される可能性を残すことになる。また、反対にこの事業は1時間単価1,470円で交通費も出ない状況であるが、介護保険での身体介護は単価4,309円と適正なサービス価格の設定も一方で必要である。

f）家庭に滞在するサービスの強みと限界

世田谷区の子ども家庭支援センターの担当者や日本子どもソーシャルワーク協会へのインタビューに基づき本事業の強みと限界について整理しておこう。日本子どもソーシャルワーク協会の方へのインタビューでは、ホームヘルパー派遣のように家庭に滞在してサービスを提供する事業の強みを大きく2つに整理して説明してくれた。社会的な介入のための「家庭状況の把握機能」と家庭の安定のための「子どもと保護者の情緒の安定化機能」である。情緒の安定化機能は3つにわかれ、第1に安心できる自宅での傾聴によって親の安定が図られる。第2に育児や家事支援により親の負担を軽減することで親の安定が図られる。第3に子どもと遊ぶことで子どもの情緒の安定が図られる機能を持つと説明してくれた。こうした日本子どもソーシャルワーク協会へのインタビューなどを基に家庭滞在型のサービスの強みと弱みを下記に整理する。

サービスの新しい「強み」

家庭に滞在するサービスの最も大きな意味のある、そして従来のサービスにない特徴は、地域の中での安定した家庭生活を維持する機能が高いことであろう。

家庭は一度崩壊すると、子どもや保護者に大きな傷を作ってしまう。従来は家族だけでがんばるか、分離して児童養護施設などで生活するかの２つの選択肢しかなかった。しかし、こうした家族以外の援助者が派遣されるヘルパー派遣事業により家事の軽減等を図り、生活上のストレスを少なくすることで家庭を崩壊させずに、親子が同居しながら生活の困難の緩和や改善をすることができるという第３の選択肢が出現することになった。障害関係の自立概念ともつながる支援つきの自立生活が可能となったわけである。

第２番目の機能は親の教育訓練の機能である。家事の軽減等に次ぐ家庭維持の２つ目の方法である。子どもと遊べない親、掃除の仕方がわからない親、子どもとのコミュニケーションのとり方がわからない親などへの新たな援助機能である。子どもを養育する第一義的存在としての保護者が、その責任を果たすことができるようなモデルを家庭内で示し、家事・育児など子育てのための技術やスキルを身につけさせる機能といえよう。いわば育児のオンザジョブ・トレーニング（On the job training）である。

第３番目の機能として、遊びによる子ども自身への直接的なエンパワーメントである。例えばうつ病やうつ傾向にある保護者などは人を家に入れず、また子どもを遊びに出さないなど子どもが遊ぶ環境の保障ができない場合がある。そうしたとき子どもの遊び相手としてヘルパーは子どものストレスの軽減と、社会性の獲得に大きな役割を果たしている。

第４番目の機能として親の家事・育児の話し相手になることである。家庭の中に継続的に入ると家族はヘルパーに親近感がわく。また、親や子どもにとって安心できる家庭の中にいることで話しやすい環境が整う。子育てで孤立していたり、ひとり親で相談相手が家庭内にいない場合などは、こうした生活場面での受容的な傾聴は親の情緒の安定と自信につながることが多い。イギリスのホーム・スタートはまさにこの役割を最大の役割として位置づけていることからもその重要性が理解できよう。

第５番目の機能としては、発見・モニタリング機能である。これまで、福祉事務所のワーカーや保健師、児童福祉司が家庭訪問をしてきた。しかし、その

頻度も家庭に滞在する時間も、その業務上の役割から少なくならざるを得ない。ホームヘルパーは週に1回から3回の頻度で滞在時間も2時間以上と長時間頻繁に家庭に滞在することになる。生活の状況の細かい把握や、発生している問題発見、モニタリングなどが可能となる。具体的には3つの機能に分類できるようだ。第1は親のアディクションの発見など親の状況を詳細に把握できることである。第2は家庭環境上の状況把握ができること、そして第3に子どもの状態のアセスメントができることであった。

ホームヘルプサービスの限界

養育困難家庭に対しての派遣の場合、特にネグレクトの場合に多いようだがホームヘルパーの派遣が「自立」ではなく「依存」の助長につながってしまうことがあるようだ。ホームヘルパーは具体的な家事・育児の援助が業務であることから、援助を前提に保護者が以前にも増して子どもの面倒を見なくなるなどマイナスに働く場合がある。ホームヘルパーの派遣だけでなく、ボランティアの派遣制度などがあれば、ホームヘルパーの派遣で当座の問題に対応した後は適切な評価を経てボランティアの派遣に切り替えることが可能なはずである。家事・育児を単に代替してもらうのではなく、ボランティアとともに家事・育児をともにする中で自立につなげた取り組みも可能となる。

ⅱ）子ども家庭支援員による援助
　　――子どもの虐待防止ネットワーク・あいち（CAPNA）の活動から――

子どもの虐待防止ネットワーク・あいちロゴマーク

a）名古屋市の概要

愛知県の県庁所在地である名古屋市は政令指定都市である。人口は約220万人である。児童相談所は1箇所設置されている。児童虐待の通報件数は全国平均より多く、近年虐待死事件が多い地域である。こうした背景があることから早い段階で児童相談所と民間の児童虐待防止機関（子どもの虐待防止ネットワーク・あいち）との協働体制作りが進んでいる地域である。

b）子どもの虐待防止ネットワーク・あいちの概要

本組織はNPO法人で、1990年代の半ばから活動を開始し、2000年代初頭にNPO法人の認証を受けている。主な事業内容は、1年間の研修を受けた110名からなる相談員による電話相談、弁護士による子どもの命を守るための危機介入活動、虐待死調査などの調査研究活動、講演や専門家を対象とした虐待防止のためのセミナー（学校関係者、保育者・医療関係者対象）などの社会啓発活動、悩みを持つ母親のグループの運営・家庭支援員の派遣や子育て支援などの活動に取り組んでいる。約750名の正会員・賛助会員、約25名の事務局員、約110名の電話相談スタッフからなる組織で運営の基本はボランティアスタッフにより支えられている。

中でも電話相談員の研修事業についてはとりわけ重視されていて、36回の研修と1回の宿泊研修、そして9回の電話相談実習が準備されている。

c）協定書に基づいた児童相談所との協働活動

本法人は愛知県と名古屋市の児童相談所すべてと虐待の予防や解決のために協定書を取り交わしている。愛知県内の9つの児童相談所と名古屋市の児童相談所との協定で、愛知県や名古屋市とは虐待に関する個人情報を提供し合えることや、第三者への個人情報の開示の禁止などを協定している。また、2004年12月に愛知県から要請があり虐待の恐れがある家庭に対して県内9つの児童相談所で当法人のメンバー34名が児童虐待の専門の情報提供者として登録されることになった。現在、児童虐待の発見や見守りのため、行政との協働活動に取り組んでいる。

d）関係機関との連携

　本法人はこれまで電話相談を中心に活動してきた。電話相談は、匿名性があり、どこからでも相談できる、電話を切る主体性は利用者にまかされていること等のメリットがあるため現代の新たな相談のツールである。しかし、虐待が深刻化する中で実際の問題に対する直接的な援助が本法人としても課題として意識されるようになっていったようだ。そんな中、平成14年度から、名古屋市子どもサポート連絡会議（市全体のものと、市内16区ごとに組織化されたものがある。構成員は医師・弁護士・本法人会員・主任児童委員・保護司・保育園・幼稚園・小中学校・警察・保健センター・児童相談所・区福祉事務所等約50人）が開催され、年2回のケースの経過報告や情報交換など虐待を中心課題とする新しいネットワークが形成されつつある。

e）子ども家庭支援員の派遣事業

　2002年より虐待が懸念される家庭に対して子ども家庭支援員の派遣が名古屋市の事業として開始された。国事業であるところの家庭訪問支援事業の名古屋市での実践である。「名古屋市家庭訪問支援事業実施要綱」に基づき実施されている。子ども家庭支援員は「適切な相談・助言」を行うことと「担当家庭の状況について定期的に報告」することが求められている。対象家庭は要綱上は「（1）児童虐待のおそれがある家庭（2）家庭養育上、不安・孤立等の問題を抱える家庭」となっている。名古屋市児童相談所が実施主体で子ども家庭支援員としては当時約30人が登録していた。平成16年度現在は市全体で子ども家庭支援員は22名、うち当法人からは10名が登録している。派遣ケースは25ケースで、年間派遣延べ件数は188回である。名古屋市児童相談所が実施する年1回の家庭支援員の研修が開催され、担当ケースの発表など実践的な研修となっている。家庭支援員の派遣は児童相談所の判断と利用者の合意で開始され、「親を支援すること」が基本となっている。

f）子ども家庭支援員の活動

　子ども家庭支援員は当該家庭を訪問し、親の話し相手や、幼稚園の送り迎え、食事の作り方のアドバイス、掃除の仕方のアドバイスなどを行う。名古屋市で

は週1回2時間程度の活動を家庭内で行う形になっている。長いと2年程度、短いと1〜2ヶ月と派遣期間の格差は各家庭の実情に応じて大きく異なる。児童相談所からの具体的な支援要請内容としては、虐待を受けている小学校低学年の子どもの安否確認や見守り依頼、子どもの世話や片付けができない保護者の家庭での親の話し相手など多様である。

現実に家庭に派遣される子ども家庭支援員は様々な場面に遭遇する。片付けると親の気持ちを傷つける可能性があることから足の踏み場もないほど汚れていても、ゴミすら捨てられない場面に出会うこともあるようだ。また、保護者がうつむいて座っている状態のまま無言で1時間ともに時間を過ごすこともあるし、親自身が子ども家庭支援員に相手をしてもらいたいという欲求から、子どもの相手をしている支援員を、子どもから引き離そうとする場面に遭遇したり、タオルを目に当てて泣いたままの保護者に2時間付き合うようなこともあるようだ。

子ども家庭支援員の役割は虐待の状況の観察やチェックとともに、会話を通して親が自己の状況を自覚することを手伝うことも意図して活動しているという。また、親の地域資源活用リテラシーの育成なども行う場合もあるようだ。

こうした子ども家庭支援員に必要なスキルとして、相談援助技術と虐待についての理解、成育歴なども含めた親の適切な理解等が挙げられる。

g）法人独自の家庭訪問事業の実施

当法人は独自の事業として子ども家庭支援事業を2005年から開始した。活動内容は①訪問支援、②送迎支援、③家事支援、④連携支援、の4つである。訪問支援はイギリスのホーム・スタートのように傾聴を中心とする支援である。送迎支援は虐待の脅威がある場合の移送を行う。家事支援は食事を中心とした家事、連携支援はケース・カンファレンスなどに参加し意見表明を行う事業である。現在6名の派遣される「直接援助者」が協会により認定されている。派遣にかかる費用は1時間昼間800円夜間1,000円である。1年間の従来の電話相談員の研修に加えて次のとおり16回の研修と16日間の実習等を修了しなくてはならない。こうした研修を経た上で実際の支援に当たる。うつ状態で気持

ちがあっても家事・育児ができない家庭へ派遣されたり、実父から性的虐待を受けている子が定期試験を受けるため、児童相談所の一時保護所から学校までの移動の安全確保、ケース・カンファレンスなどの取り組みを開始している。

基礎講座のカリキュラム（1回2時間）

	内　容
1回目	現代家族をどう捉えるか
2回目	虐待への危機　総論
3回目	性的虐待を受けた子どもの治療的支援
4回目	児童虐待防止法改正について
5回目	子どもへの虐待　その諸相

上級講座のカリキュラム（1回2時間が原則）

	内　容
1回目	開会式、オリエンテーション
2回目	現代の子どもをどう捉えるか（子どもの発達課題）
3回目	児童相談所
4回目	女性相談センター
5回目	学校（小・中・高）
6回目	親への援助
7回目	危機介入
8回目	面接の基本と技法
実習1・2	実習（4日×2回・精神障害者施設での実習）
9回目	子どもの病気と虐待
実習3・4	実習（子ども）（4日×2回・児童養護施設）
10回目	事実確認のための面接
11回目	ロールプレイ

h）家庭に入る支援の強みと限界（子ども家庭支援員制度を中心に）

家庭に入る支援の強み

　子ども家庭支援員はいわば行政協力のボランティアであり、児童相談所からの派遣で虐待が発生している家庭に入ることを業務としている。こうしたボラ

ンティアの派遣をする強み、すなわち期待される役割は5点に整理できよう。家庭の中に入り家庭や親子の状況の定期的観察やチェックすることである。これが最も重要な役割になる。第1の役割は家庭の中に入るので親や子どもとの会話や表情、家庭環境など様々な情報が入手できることが最大の強みであろう。第2に孤立化の防止である。要支援家庭は親族の援助が得られなかったり、近隣との不和を抱えていることが多いことから孤立化している場合が多い。第3は親の情緒的な安定を保つ役割である。日常生活の愚痴や不安の聞き役になることでたとえ一時的であってもストレスの軽減につながる。主として親を対象として家庭に入っているので、親が子ども家庭支援員との会話を通して自己の状況を自覚・整理することを支援することを意図した活動であることが第4の役割として挙げられよう。また、第5に親の地域資源活用のための助言なども容易に行える点も強みとして整理できる。

家庭支援員制度の限界

本制度の限界はすでに虐待をしている親を主な対象として家庭に入っているため、①子どものニーズ遊びなど発達上のニーズに十分に対応できないという限界を持っている。また、家事援助は原則担当しないので、②レスパイトの機能も持つことはあまり期待できない。加えて③子育てスキルの訓練機能、④家族の崩壊を予防する機能（虐待発生を予防する機能）も本制度は前提としていない。今後は、派遣対象を虐待の予防領域まで広げることで、ホームヘルパーの役割である②の家事支援によるレスパイト以外の機能を発揮することが期待できるだろう。

ⅲ）養育困難家庭への保育者の派遣
　　——NPO法人子育てネットワーク・ピッコロの活動から——

a）NPO法人子育てネットワーク・ピッコロ

NPO法人子育てネットワーク・ピッコロのロゴマーク

　東京都の多摩地域の人口約8万人の清瀬市で活動する法人がピッコロである。女性労働協会と清瀬市男女共同参画センターの共催事業である保育サービス講習会の修了生が自主的に作った保育活動を中心活動とした団体である。最初は任意団体として発足し2003年にNPO法人になった。現在の事業内容は2004年度事業報告によると①一時保育事業（保育サービス・介助員受託事業・院内ケアボランティアコーディネート）、②ネットワークづくり事業（子育てひろば運営・子育て情報誌発行・子育てサポーター養成講座・清瀬市子育てハンドブック作成受託等）、③清瀬市次世代育成支援行動計画策定支援事業、④人材育成・研修事業（養育困難家庭への派遣試行事業・同研修事業）などの活動を実施している。

b）保育者派遣事業について
　当法人の事業の中心は保育サービスである。子どもを預かる理由・時間・子どもの年齢を問わない24時間型のサービスで主にベビーシッターのように利用者の自宅での保育が中心で、希望に応じて保育者の家でも預かる。また、イベント時の団体保育も行う。保育を行う保育者も保育を受ける者もファミリー・サポート・センターのように本会の会員になることになっている。費用は平日

9時から17時は1時間900円、土日祝日は時間1,000円、夜10時以降朝7時までが300円の割り増し、それ以外の時間は100円増しとなっている。保育者は現在46名、50歳代の女性が多い。毎月平均延べ154回の利用がある。

平成16年度　保育者派遣実績

	4月	5月	6月	7月	8月	9月	10月	11月	12月
個人利用	139	153	192	134	109	158	161	157	185

アセスメントについては特別な手立ては講じない。まず電話での申し込みがあり、受け付け、保育する上で最低限注意することなどを聞く。初回から利用したい日時が決まっている場合は、コーディネーターと保育者が一緒に家庭を訪問し、利用方法や入会手続きとともに子どもの状態を把握するように努めている。入会手続きだけの場合はコーディネーターが家庭訪問し入会手続きとともに子どもと家庭状況のアセスメントを行う。

　c）調査研究事業を実施

本会の中心的な事業である保育サービス事業で、保育者たちは様々な家庭や子どもたちと出会うことになる。保育サービスを実施する中で、いわゆる養育困難家庭や発達障害などの子どもたち、DVの家庭、親の子どもをたたく場面に遭遇、ひとり親、精神障害のある保護者、産褥期で上の子どものケアに手を焼いている方、多胎児の家庭などに出会った。ピッコロは、保育者がこうした家庭や子どもを傷つけることを防止することを目的に調査研究に取り組むことになる。2004年度実施した「複合的な課題を持つ家族への保育サービスのための研修プログラムの開発事業」がそれである。ある財団から助成金をもらい①第1期研修事業、②モニター事業、③第2期研修事業の3つの事業を実施している。第1期研修事業では次表のようにオリエンテーションを含む全17回の研修を開催している。

第1期研修と第2期研修は養育に困難がある5つのタイプの家庭を想定して研修構成された。①産褥期の母親のいる家庭、②DVが発生している家庭、③

発達障害児のいる家庭、④ひとり親家庭、⑤親が精神障害等の家庭、の5つのパターンの家庭である。そして、研修修了後、受講した保育者をこれら5つのパターンの各3家庭以上計17家庭にモニター事業として無料で派遣した。モニター家庭は公募と専門職からの紹介で選定している。モニター回数は1家庭8回を基本として派遣した。こうしたモニター事業を実施しながら、派遣された保育者を中心に再度研修に必要な内容を検討して第2期研修カリキュラムを作り実施した。第1期研修は17回であったが第2期は16回である。第1期は各家庭のパターンごとに各3回の研修を実施しその他保育の基本的なことについて2回の研修を付加させたものであった。第2期は各家庭の5つのパターンごとの研修は各2回にし、その他保育に関する基本的な研修の量を増やし6回にして実施している。参加者は1期、2期とも100人である。

第1期研修 (全15日)

内容—大区分	日 時		内容—テーマ
総論	7/3	18:00–	オリエンテーション
	7/3	19:00–	保育サービスの近未来
産褥期	7/8	18:30–	小児科学の立場から育児不安を考える
	7/9	18:30–	新生児のケアと産褥期のサポート
	7/14	18:30–	産褥期の保育サポートの実践から
DV被害家庭	7/16	18:30–	どうして逃げないの
	7/22	18:30–	家庭におけるDVと虐待
	7/23	18:30–	当事者の声を中心に
課題があるお子さん	9/14	18:30–	親と子どもへのまなざし
	9/30	18:30–	課題のあるお子さんとのコミュニケーション
	10/15	18:30–	きょうだいへの理解を中心に
ひとり親家庭	7/20	18:30–	ひとり親家庭の現状
	7/30	18:30–	課題を持つ母親への支援
	8/27	18:30–	母子生活支援施設「白鳥寮」の見学
精神的な課題を持つ家庭	7/27	18:30–	医学的知識との関わり方
	8/3	18:30–	制度と対人援助の方法1
	8/3	18:30–	制度と対人援助の方法2——ロールプレイを中心に——

保育者への研修ばかりでなく、こうした家庭への援助体制を整えるため、関係機関とのネットワークも形成している。市の保健師、男女共同参画センター、保育園、母子自立支援員、主任児童委員・児童委員など市内の関係機関とはほとんど顔なじみである。こうした顔なじみのネットワークを使ってコーディネーターは需給調整ばかりでなく、清瀬市の子育て関係の情報や近隣の市の利用者のために他市の情報提供、関係機関へのリファー（紹介）や連携も行っている。

　d）保育者派遣の強みと弱み
　保育者派遣の強み
　第1に相談を受けるための信頼関係が作りやすいようだ。訪問を重ねる中で自分の家の中という安心感や、家のことをすべて見てもらっている人という信頼感から安心して相談できる関係になりやすいことがまず挙げられる。本会の保育者派遣コーディネーターに相談するより保育者が相談を受けることが多いのはこういった理由のようだ。

　第2に、親の話し相手になるという点だ。産褥期の親や自閉症児を持った親、DVなどで身を隠さなければいけない親などは、近隣に友達を作れないことからとりわけ話すことを求めてくるようだ。子どもの保育を仕事として家庭に入るが、親の話し相手として「自分の子育てはこれで大丈夫なのか」などの小さな不安を解消したりする役割が大きいという。成長を一緒に喜んでくれる人が来てくれるだけでもうれしいのである。また、生まれながらにこの地域に住んでいるにもかかわらず近隣に友人がいない親も少なくないようだ。これらの親たちの共通点は「孤立化」で家庭外に出にくい、または出られない親たちである。保育者の派遣は親の孤立化の防止の効果が高い。

　第3は子どもの精神的安定が図れることである。ヘルパーは子どものための仕事をすることを目的とした職種ではないことから、必ずしも子どもがなつくとは限らない。しかし保育者の場合は子どもに安心感を与えられる。自閉症の場合やADHDの子どもの場合、外出することが大変であったり、他人とのコミュニケーションへの親の強い不安があったりすることから家庭内に閉じこも

りがちになる場合もある。保育者と遊べることで親の安心につながり子どもが地域へ出て行けるようになるきっかけになることもある。また、統合失調症の方の子どもが不登校になったとき保育を通して保育者との遊びや話をすることで子ども自身が明るくなるなどの事例もあったようだ。

　第4は、養育上の問題の発見が可能であることである。家庭の中に入っていることから家庭内の人間関係や生活状況をよく見ることができる。そのため保健師や母子自立支援員から情報提供を求められる場合もある。反対に保健師から保育者の派遣を紹介されることもあるようだ。こうして発見されたDVや虐待などの問題を必要に応じて専門機関等へつなぐことも本法人のコーディネーターが担当している。

　第5は、遊び方の学習機会になる点である。保育者が行う遊びの方法や読み聞かせの仕方を保護者が見ることで、保護者の子育て技術の学習の機会になっている。子どもと遊ぶことが不得意な保護者も少なくないが、意外に子どもとコミュニケーションをとりながら遊ぶ方法を学習する機会はない。保育者が派遣される機会を、親の持つ子育て能力の向上の機会として意図的に位置づけることは重要であろう。

保育者派遣の弱み

　保育者の派遣は、家事援助機能を除いてはホーム・ヘルパー派遣より高い効果があるようだ。家事援助については簡単なものに限られるため家事負担の軽減機能はあまり持たない。ただ、当然のごとく保育サービスを利用している間は保護者は自由に時間を使える点ではレスパイト機能を有する。また、保護者不在時における保育者の派遣が中心であることから必ずしも親の相談相手にはならなかったり、低額ではあるが有料のサービスであることから費用徴収のバリアがあり誰もが使えるサービスにはなっていないなどの弱みもある。

（3）わが国における家庭滞在型サービスの今後の展開

　これまでイギリスにおける新しい国家戦略であり、予防的アプローチでもあ

る家庭滞在型サービスの状況とわが国の家庭に派遣・滞在する形態のサービスを見てきた。イギリスとわが国は文化的、社会的風土が異なり単純な制度の輸入は困難である。本書の最後に当たって家庭滞在型サービスの特徴の要約とともに、日本での発展方向と実践上の課題を整理しておくことにしたい。

ⅰ）サービス形態の多様化・重層化

イギリスでは、同じ家庭滞在型サービスでも対象年齢・専門分野・介入時期・介入するセクターなど多様なサービスが重層的に用意され始めている。子どもの対象年齢としては出産前から18歳未満の子どもたちに、専門領域としては教育、保健、福祉、心理、医療などの分野の専門家が個別またはチームを組んで、対象家庭としては一般の家庭への子育て情報や学習の提供から保護登録されている子どもの家庭まで、サービス提供セクターとしては行政サービスも民間機関によるサービスも幅広く用意されている。しかし、わが国は前述したとおり３つのサービスしかなく、その実施箇所数はきわめて少ないのが実情である。

ⅱ）家庭に滞在するサービスの５つの機能

イギリスのホーム・スタートをはじめとする各種のサービスやわが国の家庭滞在型サービス実践の共通の機能は、大きく５点に整理できるようだ。まず最大の機能はその親や保護者（以下親という）への傾聴などの友人的活動により「孤立感の解消」ができることである。虐待の発生はないがストレスが強い親たちの多くは家族や地域社会から孤立している場合が多い。次に、「親の心身の安定を図る機能」が２番目に重要度の高い機能となっている。話すことや、情報提供すること、子育てに自信を持ってもらうこと、体調の悪い親へ休息の機会や具体的な援助をすること、親が自分自身のことを話すことで自ら自分の問題を整理してゆくことにより、親の情緒の安定や、自尊感情を担保したり、健康を取り戻したりする支援ができる機能である。そして、第３の機能として「子どもの心身の安定を図ること」が挙げられる。例えばうつ傾向にある親の子どもなど十分に遊びや栄養、愛情を与えられていない子どもに年齢に応じた

遊び、屋外での遊びや、栄養を考えた食事などを提供することなどである。第4の機能として、こうした家庭に滞在して行う活動を通して「親の子育てスキルの学習機会」となることである。子どもと遊べない親、子どもへのしかり方、ほめ方など指示の与え方がわからない親、部屋の片付けのできない親などがOJTのような形態で学習できる。そして第5は、こうした活動を通した「問題の発見・モニタリング機能」である。家庭の中に入ると親や子どもとの信頼関係が築けていろいろな話＝情報を収集できるとともに、虐待を発見したり、アディクションの発見などができる場合などもある。

iii) 活動推進上の5つの条件

　こうした5つの機能を十分発揮させるためには、いくつかの条件が必要になる。イギリスのホーム・スタートの活動や今回取材したわが国での実践担当者の話から機能発揮の条件を5点にまとめて説明してみることにしよう。その第1は、家庭に派遣するサービスの調整を行う専門性の高いコーディネーターの配置である。家庭に派遣されるボランティアやホームヘルパー、専門家いずれもが適切に活動するためには専門性のあるコーディネーターの配置が重要になる。派遣家庭のアセスメントや派遣される人の活動のモニタリング、スーパービジョン、そして危機管理のできる専門性の高い人の配置はきわめて重要である。

　第2は「研修」である。これまで見てきたように、イギリスもわが国も適切な人材を派遣している団体はきちんとした研修制度を持っていた。イギリスの例では2時間×16回、わが国の例では2時間×10講座から16講座であった。ただ、わが国のものよりイギリスの研修制度は実践的な内容であることと、講座方式ではなく演習方式であるところが異なる。

　第3は「継続研修」である。活動をしながら断続的に計画的に研修を並行して行う形態が多く見受けられた。継続研修の中にはスーパービジョンも含まれる。また、家庭に派遣される人同士の経験交流の機会も多く設定されていた。わが国の場合はこうした継続的な研修制度は不十分のようであった。

第4は「機関間連携」(Inter Agency Work) である。こうした家庭に入る活動を有効にするためにも、また発見された情報を適切に受け止めるためにもコーディネーターと関係機関との連携は重要である。イギリスの活動事例もわが国の活動事例も機関の担当者同士顔見知りで、緊密で頻繁な連携関係を持っていたところが多い。ただわが国は機関同士の機能が重複して発揮・提供されているが、イギリスの場合はそれぞれの機関の機能範囲がきわめて明確にされ、分業体制が整っている点が異なる。

　最後に経費の供給である。イギリスはシュア・スタート・プロジェクトが地域単位での経費支出を行い、公費を良質な民間活動に分配する仕組みができていることから現在多様なサービス供給主体が発展・成長してきている。一方わが国は、派遣の単価が安くボランティアの訓練や専門性のあるコーディネーターを雇用する経費についてほとんど公費の導入はない。そのため各団体は助成団体へ助成申請をしたり独自で有料の講座を開設しているところが多い。今後は、こうした基盤的経費についての公費からの手当てがされないと良質なサービスの保証が困難になるだろう。

iv) 今後のホーム・ビジティングの発展方向

　わが国のホーム・ビジティングも多様に発展することが望ましいが、保健福祉領域で当面の柱になるのは専門家の派遣と、ホームヘルパーの派遣、そしてボランティアの派遣である。それぞれの担当する領域は費用対効果も考えるとおおむね次図のようなイメージとなるのではないだろうか。専門家の派遣は困難ケースで短期的、ホームヘルパー派遣はやや困難ケースも含めて中期から長期（数年）、ボランティア派遣は予防的派遣から困難ケースまでで短期から長期までとなり、必要な利用者にはいくつかのサービスが複合されて提供される形が最も望ましい。

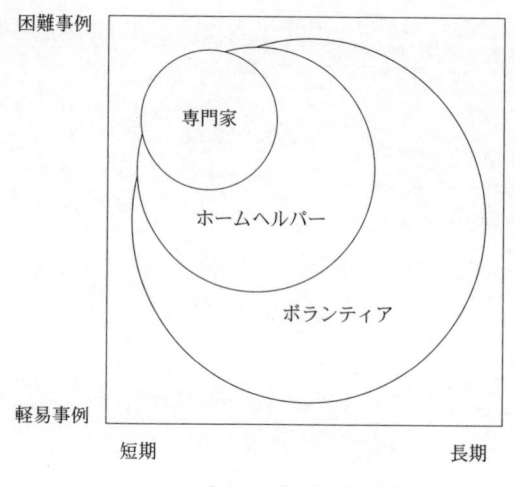

各サービスの担当領域

　高齢者へのサービスと大きく異なるのは、家庭機能のうち介護機能は社会化が原則になってきているが、子育て機能は単純に社会化することが政策目標ではない点である。可能な限り親が自立的に子どもを育てられるよう社会が援助することが政策目標となる。こうした政策目標との関係上、専門家やホームヘルパーの恒常的派遣は児童福祉上の政策課題とはならない。あくまで家庭の自立、親の子育てスキル・意欲の獲得の援助が政策課題となる。そこで児童福祉分野では単純に家事機能の「肩代わり」をするホームヘルパーの派遣だけでなく、今後は家庭の自立、親の子育てスキル・子育て意欲の獲得の「支援」をし「協働」するボランティアの活動が促進、焦点化されてくるであろう。なお、ボランティアの活用に当たっては、現在わが国でも焦点化されつつある発生予防を目指すケースとともに、わが国でもその相談件数が増加し深刻度を増しているネグレクトケースへの援助について特にその活用が期待されることも付記しておきたい。

〈著者紹介〉

西郷　泰之（さいごう　やすゆき）
　　大正大学人間学部人間福祉学科　社会福祉学専攻　主任教授

【主な略歴】
　全国社会福祉協議会、東京都板橋区役所（児童課、企画課等）、玉川大学教育学科助教授、宝仙学園短期大学保育学科教授を経て現職。
　厚生省中央児童福祉審議会委員、厚生省児童福祉施設第三者評価基準策定委員、全国社会福祉協議会「すくすく子育てサロン」企画委員、東京都杉並区・豊島区・世田谷区・埼玉県和光市次世代育成支援地域行動計画策定委員などを経て、現在東京都（要支援家庭の予防・早期発見）ガイドライン及びハンドブック作成検討会委員、東京都目黒区子ども家庭支援センター運営委員会座長、日本子ども家庭福祉学会理事、NPO法人プレーパークせたがや理事長

【主な著書】
『児童家庭福祉論』光生館、2003年
『子どもと家庭の福祉』ヘルスシステム研究所、2004年ほか

━━━━━　ホーム・ビジティング（Home Visiting）の挑戦　━━━━━
──イギリス・家庭滞在型の新しい子ども家庭福祉サービスの展開──

2006年5月5日　第1版第1刷発行

著　者──西　郷　泰　之
発行者──大　野　俊　郎
印刷所──新　灯　印　刷
製本所──美　行　製　本(有)
発行所──八千代出版株式会社
　　　　　〒101-0061
　　　　　東京都千代田区三崎町2-2-13
　　　　　TEL　03-3262-0420
　　　　　FAX　03-3237-0723
　　　　　振替　00190-4-168060

Ⓒ2006 Printed in Japan
ISBN4-8429-1378-9